JN301258

自治体福祉政策

加藤　良重　著

公人の友社

はしがき

　日本は、いよいよ総人口の減少局面にはいった。高齢化が急激にすすむなかで、少子化に歯止めがかからない。このような状況下で福祉制度が目まぐるしく変わっている。
　その内容を追いかけるのも大変なことである。しかも、新しい制度や改正内容が、複雑・難解になる傾向にあり、法律の条文や解説を読んだだけで理解するのはむずかしくなっている。一般市民を名宛人とする法律がこれでいいのだろうかと疑問を感じている。法律・制度の内容は、できるかぎり専門的な知識や技術をもたない人にも読み解けるものであってほしいものである。
　ところで、高齢者、子ども、障害者、生活困窮者などにたいする施策の圧倒的な部分を基礎自治体である市区町村が担っている。
　そこで、基礎自治体の位置・役割から政策の意味・実現手段や主要な政策内容にわたる全体像を描けないであろうかということが、わたくしのこの数年来の問題意識であった。幸いにも、福祉分野の仕事もふくめて基礎自治体の職員としての37年間の経験、20年以上つづけている自主グループでの政策研究、5年間の自治体職員研修機関での講師経験、4年間にわたる大学での講義などで、実におおくのことを学び、考える機会をあたえられた。これまで非才も省みず刊行してきた「自治体と福祉改革」および「基礎自治体の福祉政策」は考察不足と未熟な内容であった。本書はこれらが基になっているが、全体の構成から内容面までほぼ全面的に書き直している。筆者としては、これまで蓄積してきたことの集大成のつもりで執筆にあたった。
　今回も、公人の友社社長武内英晴さんの薦めと激励をうけての出版であり、感謝の言葉もない。

なお、本書の用語などは次のとおりとした。
1　主権者という意味で、原則として「住民」でなく「市民」とした。市民には、市区町村民、都道府県民および国民をふくめている。
2　基礎自治体としての特別区（東京23区）については、指定都市の「行政区」との混乱をさけるために、市町村にふくませている。また、都道府県もふくめて「自治体」としている。
3　「市」の事務権限にわたる部分は、一般の市についてのものである。大都市（指定都市）、中核市などには都道府県などの権能が特例として認められている。
4　法律の引用条文は、基本的なものについてだけ表示している。また、引用条文は、できるかぎり簡略化してある。
5　政策の基礎となる基本的な資料については、最新のものを参照できるよう出典を明示して章末にまとめて載せてある。

目　次

はしがき ……………………………………………………………… 3

第1章　高齢少子・人口減少社会と自治体 ……………………… 15
1　人口構造の変化 ……………………………………………… 16
　(1)　総人口の減少 ………………………………………………… 16
　(2)　高齢化の速さ・割合の高さ ………………………………… 18
　(3)　年少人口の持続的減少 ……………………………………… 19
2　政策課題 ……………………………………………………… 20
　(1)　社会経済の活力低下 ………………………………………… 21
　(2)　労働力人口の減少 …………………………………………… 21
　(3)　社会保障負担の増大 ………………………………………… 21
　(4)　高齢者の増加 ………………………………………………… 22
　(5)　出生数の減少 ………………………………………………… 23

　〈第1章　資料〉　25
　　1　総人口の推移と推計
　　2　世帯構造別にみた世帯数の構成割合および平均世帯人員の推移
　　3　高齢化の推移
　　4　高齢者人口の推計
　　5　主要国の倍化年数
　　6　年少人口の推移
　　7　年少人口の推計
　　8　出生数・死亡数・合計特殊出生率の推移
　　9　死因別死亡数

第2章　分権・自治体改革と福祉改革 …………………………… 29
1　分権・自治体改革 ………………………………………… 30
(1)　福祉の分権化 ……………………………………………… 30
(2)　自治体改革 ………………………………………………… 37
2　福祉の構造改革 …………………………………………… 40
(1)　措置から契約へ …………………………………………… 40
(2)　利用者保護の仕組み ……………………………………… 44
(3)　福祉政策の計画化 ………………………………………… 46

〈第2章　資料〉 49
1　市町村数の変遷
2　ゴールドプラン21の目標値（抜粋）
3　新エンゼルプランの目標値（抜粋）

第3章　自治体と福祉政策 ……………………………………… 51
1　自治体の位置 ……………………………………………… 52
(1)　政策主体としての自治体 ………………………………… 52
(2)　自治体の基本的役割 ……………………………………… 56
2　自治体政策 ………………………………………………… 58
(1)　政策の意義 ………………………………………………… 58
(2)　政策の構造 ………………………………………………… 59
(3)　政策サイクル ……………………………………………… 59
3　福祉政策 …………………………………………………… 61
(1)　社会保障と社会福祉 ……………………………………… 61
(2)　福祉政策 …………………………………………………… 62
4　自治体計画 ………………………………………………… 63
(1)　自治体総合計画 …………………………………………… 64
(2)　中間課題計画 ……………………………………………… 65
(3)　個別計画 …………………………………………………… 65

(4)　自治体福祉計画 …………………………………………… 66
5　自治体政策の主体 …………………………………………… 71
　　(1)　市民 ………………………………………………………… 71
　　(2)　自治体議会 ………………………………………………… 71
　　(3)　自治体の長 ………………………………………………… 72
　　(4)　自治体職員 ………………………………………………… 72
　　(5)　民間事業者 ………………………………………………… 72
6　自治体の政策責任 …………………………………………… 73

　　〈第3章　資料〉74
　　　1　大都市（政令指定都市）・中核市・特例市
　　　2　自治体福祉計画の根拠法（抜粋）

第4章　自治体福祉法務 ………………………………………… 77
1　政策法務 ……………………………………………………… 78
　　(1)　政策法務の必要性 ………………………………………… 78
　　(2)　政策法務の内容 …………………………………………… 78
2　自治体法 ……………………………………………………… 81
　　(1)　条例 ………………………………………………………… 82
　　(2)　条例の制定手続 …………………………………………… 83
　　(3)　規則 ………………………………………………………… 84
3　国法 …………………………………………………………… 85
　　(1)　国法の体系 ………………………………………………… 85
　　(2)　国法の制定手続 …………………………………………… 86
　　(3)　福祉法 ……………………………………………………… 86

　　〈第4章　資料〉99
　　　1　自治体福祉政策関係条例（例）
　　　2　福祉政策関係法

第5章　自治体高齢者福祉政策 …… 103
1　政策課題 …… 104
- (1)　高齢者施策 …… 104
- (2)　高齢層施策 …… 105
- (3)　高齢社会対策 …… 107

2　政策の基本視点 …… 108
- (1)　高齢者像の転換 …… 108
- (2)　高齢者の能力発揮 …… 109
- (3)　高齢者の尊厳の確保 …… 109

3　老人福祉法にもとづく施策 …… 110
- (1)　実情把握と情報提供・相談等 …… 110
- (2)　老人の日・老人週間行事 …… 110
- (3)　支援体制の整備 …… 111
- (4)　措置によるサービス …… 111
- (5)　居宅生活支援事業 …… 111
- (6)　老人福祉施設の設置 …… 112
- (7)　健康保持・福祉増進事業 …… 113

4　高齢者虐待の防止 …… 114
- (1)　高齢者虐待防止法の制定 …… 114
- (2)　高齢者虐待の意味 …… 114
- (3)　市民および自治体等の責務 …… 115
- (4)　高齢者虐待の通報等 …… 116
- (5)　市町村の役割 …… 116

5　介護保険制度 …… 117
- (1)　介護保険制度の導入と見直し …… 117
- (2)　介護保険制度の目的と理念 …… 119
- (3)　介護保険制度の特徴 …… 120
- (4)　基本的な仕組み …… 122

(5)　費用負担 …………………………………………………… 134
　　(6)　サービスの提供者 ………………………………………… 136
　　(7)　介護保険事業計画 ………………………………………… 138
　　(8)　権利保護 …………………………………………………… 139
　　(9)　制度上の主な課題 ………………………………………… 140

　　　〈第5章　資料〉 142
　　　　1　老人福祉施設の設置状況
　　　　2　シルバー人材センターの実績
　　　　3　老人クラブ数・会員数
　　　　4　第1号被保険者数・認定者数
　　　　5　介護給付費の推移
　　　　6　事業所数・施設数の推移
　　　　7　事業所・施設の利用者・在所者数の推移

第6章　自治体子ども家庭福祉政策 ……………………………… 145
　1　政策課題 ……………………………………………………… 146
　　(1)　子育て・子育ち支援 ……………………………………… 146
　　(2)　ひとり親家庭支援 ………………………………………… 148
　　(3)　幼保の統合・一元化 ……………………………………… 148
　　(4)　健全育成事業 ……………………………………………… 149
　　(5)　少子化対策 ………………………………………………… 150
　2　政策の基本視点 ……………………………………………… 151
　　(1)　人権主体としての子ども ………………………………… 151
　　(2)　婚姻・出産観の転換 ……………………………………… 152
　3　児童福祉法にもとづく施策 ………………………………… 153
　　(1)　児童福祉施設 ……………………………………………… 153
　　(2)　子育て支援事業 …………………………………………… 154
　　(3)　保育の実施 ………………………………………………… 155
　　(4)　助産の実施 ………………………………………………… 155

(5)　母子保護の実施 ……………………………………………… 156
　4　こども虐待の防止 …………………………………………………… 156
　　(1)　虐待防止法の制定 …………………………………………… 156
　　(2)　こども虐待の意味 …………………………………………… 157
　　(3)　自治体等の責務 ……………………………………………… 157
　　(4)　早期発見と通報 ……………………………………………… 157
　　(5)　市町村の役割 ………………………………………………… 158
　5　ひとり親家庭 ………………………………………………………… 158
　　(1)　居宅等における日常生活支援 ……………………………… 159
　　(2)　特別配慮 ……………………………………………………… 159
　　(3)　雇用の促進 …………………………………………………… 159

　　　〈第6章　資料〉160
　　　　1　初婚平均年齢および生涯未婚率
　　　　2　児童福祉施設の設置状況
　　　　3　公営・私営別保育所数等の年次推移
　　　　4　児童虐待相談処理件数の推移
　　　　5　ひとり親家庭の推移

第7章　自治体障害者福祉政策 ……………………………………………… 163
　1　障害者とは …………………………………………………………… 164
　　(1)　障害者の区分 ………………………………………………… 164
　　(2)　用語・呼称 …………………………………………………… 165
　　(3)　障害の分類 …………………………………………………… 166
　2　政策課題 ……………………………………………………………… 167
　　(1)　バリア・フリーの取組み …………………………………… 167
　　(2)　活動拠点の充実 ……………………………………………… 167
　　(3)　就労の支援 …………………………………………………… 168
　　(4)　法制の整備 …………………………………………………… 169

- 3 政策の基本視点 …………………………………………………… 169
  - (1) 当事者主義 …………………………………………………… 169
  - (2) 自立支援 ……………………………………………………… 170
  - (3) 参加促進 ……………………………………………………… 170
- 4 障害者福祉施策 …………………………………………………… 170
- 5 障害者自立支援制度 ……………………………………………… 171
  - (1) 自立支援制度の創設 ………………………………………… 171
  - (2) 自立支援制度の目的 ………………………………………… 172
  - (3) 市町村等の責務 ……………………………………………… 172
  - (4) 自立支援システムの構成 …………………………………… 174
  - (5) 障害福祉サービス …………………………………………… 174
  - (6) 自立支援医療 ………………………………………………… 180
  - (7) 補装具費の支給 ……………………………………………… 181
  - (8) 地域生活支援事業 …………………………………………… 181
  - (9) 障害福祉計画 ………………………………………………… 183
  - (10) 費用負担 ……………………………………………………… 184
  - (11) 審査請求 ……………………………………………………… 184
  - (12) 介護保険制度との違い ……………………………………… 185

   ＜第7章　資料＞　186
   1 身体障害者手帳交付台帳登載数
   2 療育手帳交付台帳登載数（知的障害者）
   3 精神障害者保健福祉手帳交付台帳登載数
   4 特定疾患医療受給者証所持者数（難病者）
   5 障害者・児関係施設数
   6 事業所数

第8章　自治体生活困窮者福祉政策 …… 189
1　生活保護制度の実施と原理・原則 …… 190
(1)　生活保護制度の目的 …… 190
(2)　生活保護事務の性質 …… 190
(3)　実施機関 …… 191
(4)　生活保護の基本原理 …… 192
(5)　生活保護の実施原則 …… 193
2　生活保護の種類・範囲・方法と保護施設 …… 194
(1)　生活保護の種類・範囲・方法 …… 194
(2)　保護施設 …… 195
3　生活保護基準と保護の決定 …… 196
4　被保護者の権利・義務等 …… 198
5　法外援護 …… 200
6　生活保護制度の課題 …… 201

〈第8章　資料〉203
1　被保護世帯数・世帯類型別被保護世帯数の推移
2　被保護実人員・扶助の種類別扶助人員の推移
3　保護開始の主な理由別世帯数の推移
4　保護施設数・定員の推移

第9章　自治体健康政策 …… 205
1　健康づくり …… 206
(1)　疾病構造の変化 …… 206
(2)　健康づくり対策 …… 206
2　母子保健 …… 209
3　高齢者保健 …… 210
(1)　高齢者保健事業 …… 211

(2) 高齢者医療 …………………………………………… 212
4 国民健康保険 …………………………………………… 213
    (1) 医療保険制度 …………………………………… 213
    (2) 国民健康保険 …………………………………… 214

    〈第9章 資料〉 218
        1 医療費の推移
        2 国民健康保険事業会計への繰出金の推移

第10章 自治体福祉財務 …………………………………… 219
1 政策財務 ……………………………………………… 220
    (1) 政策財務 ………………………………………… 220
    (2) 予算制度 ………………………………………… 220
    (3) 財源縮小期の予算編成 ………………………… 223
2 福祉政策経費 ………………………………………… 223
3 福祉政策の財源 ……………………………………… 224
4 政策経費の負担 ……………………………………… 228
    (1) 経費負担の原則 ………………………………… 228
    (2) 個別施策の経費負担 …………………………… 229

    〈第10章 資料〉 231
        1 社会保障給付費
        2 歳入決算の構成比
        3 目的別歳出純計決算額の構成比
        4 民生費の目的別歳出構成比

第11章 自治体福祉の担い手 ……………………………… 233
1 福祉の担い手 ………………………………………… 234
    (1) 市民・ボランティア …………………………… 234

(2)	民生委員・児童委員	234
(3)	保護司	236
(4)	社会福祉協議会	236
(5)	社会福祉法人	237
(6)	共同募金会	238
(7)	社団・財団法人	238
(8)	非営利法人	241
(9)	営利法人	244
(10)	行政機関	244
(11)	専門職	246
2	担い手のネットワーク	249
(1)	ネットワークの構築	249
(2)	「協働」の意味	251
(3)	自治体組織機構	251

〈第11章 資料〉 253
 1 民生委員（児童委員）数
 2 ボランティア活動状況
 3 社会福祉法人数
 4 共同募金の実績
 5 消費生活協同組合の組合数等
 6 特定非営利活動（ＮＰＯ）法人認証数
 7 福祉事務所の設置状況
 8 福祉施設の専門職者数
 9 医師・歯科医師・薬剤師数
 10 部門別自治体職員数

事項索引 ……………………………………………………… 258

第1章　高齢少子・人口減少社会と自治体

日本社会のもっともおおきな構造変化は、急激な高齢化と少子化である。
　人口の高齢化は、平均寿命の伸びが直接の要因であるが、少子化も高齢化率を押しあげている。このような社会を「高齢少子社会」とよんでおく。また、この社会は、少子化の結果、総人口が減少していくので「人口減少社会」でもある。

1　人口構造の変化

　日本の人口構造は、先進国においてもきわ立って、急激な変化をしめしている。この変化を国勢調査および国立社会保障・人口問題研究所の将来推計人口（2002年1月推計・中位推計および低位推計（〔　〕内））からみておこう。
　なお、人口統計上では、0歳から14歳までの「年少人口」、15歳から64歳までの「生産年齢人口」および65歳以上の「老年人口」の3区分が用いられている。

(1)　総人口の減少

　日本の総人口は、第二次世界大戦をへて1950（昭和25）年には約8,320万

※　将来推計人口
　国立社会保障・人口問題研究所は、定期的に将来人口推計をおこない、公表している。この推計には、基準人口（国勢調査人口）、将来の生存率、将来の出生率、将来の出生性比率および将来の国際人口移動数（率）の5つのデータがつかわれる。このうち、出生数の将来については不確定要素がおおきいので、2002年1月推計では、次のような中位、高位および低位の3つの仮定をもうけて、合計特殊出生率を推計している。
　　中位の仮定：2000年の1.36から2007年の1.31まで低下した後は上昇に転じ2049年には1.39
　　　　　　　の水準に達する。
　　高位の仮定：2000年の1.36から直ちに上昇に転じ、2049年には1.63の水準に達する。
　　低位の仮定：2000年の1.36から低下しつづけ、2049年には1.10に達する。

人、高度経済成長期にはいる1960（昭和35）年に約9,342万人、第一次石油ショックをへて1975（昭和50）年には約1億1,194万人とふえつづけ、2000（平成12）年には約1億2,693万人となっている。

将来推計では、ピークが2006年の約1億2,774万人〔約1億2,743万人〕で、それ以降は減少をつづけ、2025年に約1億2,114万人〔約1億1,776万人〕、21世紀の中間時点である2050年には約1億59万人〔約9,203万人〕でピーク時の約78.7％〔72.2％〕にあたり、20％強〔30％弱〕の減少である。

なお、**参考推計**であるが、2051年には約9,972万人〔約9,203万人〕で1億人を割り、21世紀末の2100年にはピーク時の50.2％〔36.5％〕の6,414万人〔約4,645万人〕へとおお幅な人口減少になる。

2005（平成17）年の国勢調査結果にもとづく推計が待たれるが、これまでの下位推計に近い数値になる可能性がおおきい。ちなみに、厚生労働省の推計では、2005（平成17）年に、死亡数が出生数を上まわり、人口減少の局面にはいっている。

また、平均世帯人員の推移をみると、1986（昭和61）年には3.22人であったが、1998（平成10）年に2.81人に減り、さらに2004（平成16）には2.72人にまで減っている。単独世帯割合（総世帯にたいする割合）は、1986（昭

※　**国勢調査**
一般にいわれている国政調査は人口国政調査のことで、1920（大正9）年から5年ごとに実施されている（第6回のみ1944・昭和19年）が、西暦末尾が0の年には人口の年齢別、性別、配偶者関係等の基本項目や産業、職業、失業等の調査項目のおおい大規模調査がおこなわれ、その中間年は原則として基本項目だけの調査がおこなわれる。人口数は、経済・社会計画のもっとも基本的な数字で、国政調査結果が行政の基礎資料としてつかわれている。

※　**国立社会保障・人口問題研究所**
国立社会保障・人口問題研究所は、1996（平成8）年に当時の厚生省人口問題研究所と特殊法人社会保障研究所との統合により設立され、厚生労働省におかれている。同研究所では、政策当局への政策立案の資料の提供と研究成果を社会に提供する目的のもとに、高齢少子社会における社会保障のあり方にかんする理論的・実証的研究、制度改革等にかんする科学的研究、先進国における出生率の動向、家族・世帯構成の変化、家族政策のあり方の研究などをおこなっている。

和61）年に18.2％であったものが、2004（平成16）年には23.4％までふえている。

(2) 高齢化の速さ・割合の高さ

65歳以上の者を高齢者といい、65歳から74歳までの高齢者を**前期高齢者**、75歳以上の高齢者を**後期高齢者**とよんでいる。

また、統計上では65歳以上の者の数を「老年人口」、老年人口の全人口にしめる割合を「老年人口割合」としているが、以下では前者を「高齢者人口」、後者を「高齢化率」とよぶことにする。

高齢者人口（かっこ内は高齢化率）の推移をみると、1950（昭和25）年に約411万人（4.9％）であったが、1970（昭和45）年には約733万人（7.1％）とふえ、1980（昭和55）年に約1,065万人（9.1％）、1995（平成7）年に約1,826万人（14.5％）となり、その前年には14％をこえている。2000（平成12）年に約2,201万人（17.3％）へと、その数・割合ともふえつづけている。

高齢化率が7％をこえた社会を「**高齢化社会**（aging society）」、その倍の14％をこえた社会を「**高齢社会**(aged society)」とよんでいる。日本は、1994（平成6）年に高齢社会にはいっている。

この高齢化社会から高齢社会に到達するまで（または、10％から20％まで）の所要年数を**倍化年数**というが、日本では1970（昭和45）年に7.1％に

※ 平均寿命

厚生労働省は、ある時期における年齢別死亡率が今後も一定不変なものとしたとき、各年齢に達した者が平均してあと何年生きられるか（平均余命）をあらわした全国規模の「生命表」を作成・公表している。この生命表の0歳の平均余命が「平均寿命」で、保健福祉水準の総合的指標として活用されている。

生命表には、完全生命表と簡易生命表の2種類があり、完全生命表は国勢調査の確定人口および人口動態統計の死亡・出生の確定数をもとに5年ごとに作成し、簡易生命表は各年の推計人口および人口動態統計の死亡・出生の概数をもとに簡略化された方法により毎年作成されている。

なり、超スピードで1994（平成6）年には14％をこえて、24年間という世界に例をみない短い期間で倍化年数に到達している。

将来推計では、2006年に約2,617万人（20.5％）〔同じ〕、2025年に約3,473万人（28.7％）〔同数（29.5％）〕、2050年には約3,586万人（35.7％）〔同数（39.0％）〕となり、高齢者は人口の2.8人に1人の割合になる。まさに**超高齢社会**といえる状況になる。

このような高齢者数の増加は、平均寿命の伸びにみられように長寿化によるものであり、高齢化率の伸びは長寿化による高齢者数の増加にくわえて出生数の減少による少子化の影響もある。

なお、ここにあげてきた数字は全国平均であって、地域によっておおきな隔たりがある。

(3) 年少人口の持続的減少

日本の人口構造は、高齢化がすすむ一方で急激に少子化がすすんでいる。
年少人口（0歳〜14歳）の推移（かっこ内は全人口にしめる割合）をみると、1950（昭和25）年に約2,943万人（35.4％）であったが、1970（昭和45）年には約2,482万人（23.9％）となり25％を割り、1997（平成9）年の約1,937万人（15.4％）は同年の高齢者人口の約1,976万人（15.7％）を下まわり、2000（平成12）年には約1,847万人（14.6％）になっている。

将来推計では、2006年に約1,762万人（13.8％）〔約1,731万人（13.6％）〕、2025年に約1,409万人（11.6％）〔約1,150万人（9.8％）〕、2050年には約1,084万人（10.8％）〔約749万人（8.1％）〕となり、年少人口は全人口のほぼ10分

※　合計特殊出生率（ＴＦＲ）
　　ＴＦＲ＝Total Fertility Rate
　　15歳から49歳までの女性の年齢別の出生率を合計したもの。

$$合計特殊出生率 = \frac{年齢別出生数}{年齢別女性人口} \text{の} 15歳 \sim 49歳の合計$$

の1〔10分の1以下〕の割合となる。

このような年少人口の減少の原因は、出生数・出生率の低下にある。

一定の人口を維持するために必要な出生率の水準である**人口置換水準**は合計特殊出生率で2.07程度である。

1人の女性が生涯にうむ子どもの平均数である**合計特殊出生率（ＴＦＲ）**をみると、1950（昭和25）年に3.65であったが、1975（昭和50）年には1.91までさがっている。さらに1989（平成元）年の「**1.57ショック**」をへて、2000（平成12）年には1.36となり、2004（平成16）年には、1.29までさがり、上昇の兆しはみえていない。

このような出生率低下の要因として、これまで、統計上から女性の晩婚化と非婚化が指摘されてきていたが、2000（平成12）年国勢調査の結果からは婚姻している夫婦間にうまれる子どもの減少が明らかになった。

少子化の進行は、生産年齢人口（15歳～64歳）の減少をもたらすとともに、子どもをうむ年齢層の女性の数の減少ももたらす。

2　政策課題

人口構造の急激な変化は、現実に進行してきており、2005年国勢調査結果などにもとづき、将来推計も下方修正が避けられないであろう。

人口構造の変化の内容は、おお幅な減少にむかう総人口、世界で最高水準の高齢者割合および減少しつづける子どもの出生数の三つである。これら三つの変化は、密接に関連しながら、個人では解決できない多数の深刻な問題を生じさせ、また生じさせようとしている。

この個人では解決できない問題について、自治体および国は、政策課題としてとりあげ、それぞれの役割にもとづき解決にあたることになるが、総人口の減少は、国の存続・発展という根本にかかわる事柄であり、これは基本

的に国が主体となってとり組んでいくべき課題である。
　以下では、このような人口構造の変化にともない、政策課題となる主なものをあげておく。

(1) 社会経済の活力低下

　総人口の急激な減少と高齢少子化は、社会経済の活力を削ぐことになりかねない。
　ただ、総人口の減少については、国土面積、食糧自給、環境、経済、労働、社会保障、教育などの諸点から総合的に人口の適正規模ということも考える必要があろう。

(2) 労働力人口の減少

　労働力人口を中心とする生産年齢人口（15歳〜64歳）の減少は、経済成長を鈍化させる要因にもなることから、長期的には労働力人口の確保が重要課題となる。
　就業環境の整備による女性の能力、定年制の延長をふくめた高齢者の能力、外国人労働力などの積極的な活用が具体的な課題である。

(3) 社会保障負担の増大

　※　1.57ショック
　1989（平成元）年の合計特殊出生率が、それまで最低であった1966（昭和41）年の丙午（ひのえうま）の年の1.58を下回り1.57となったことが、翌年明らかになり、高齢者扶養の負担増大、社会の活力低下などの懸念から「1.57ショック」として騒がれた。このことが一つの契機となり、国でも本格的に少子化対策に取組むようになった。なお、丙午の年は火災がおおく、この年にうまれた女は夫を殺すという俗説があった。

高齢者人口の増加は、年金・医療・福祉にかかわる社会保障費用の増大をもたらし、少子化からくる生産年齢人口の数・割合の減少は、現役世代に過重な負担を強いることになりかねない。税・社会保障負担および給付の両面から見直しをおこない、社会保障費用の財源確保と現役・退職世代間の負担の公平をはかり、持続可能な社会保障制度としていかなければならない。

(4) 高齢者の増加

　高齢者およびその家族がかかえている生活問題については、市民に身近な存在である市町村が主体となって解決すべき課題がおおい。国は、介護問題など全国民の生存権にかかわるような全国的な課題解決のための全国的な基準づくりと必要な財源の確保に責任をもたなけれなならない。

①　要介護高齢者の増加
　加齢にともない寝たきりや認知症あるいはそれに近い状態になり介護を必要とする高齢者が年ごとにふえている。しかも、その状態は重度化・長期化して、介護者の高齢化（「**老老介護**」）もあって、家族だけの介護には限界がきていた。また、各種調査結果からみても、国民の高齢期における最大の不安要因は自分および配偶者の介護・病気の問題である。
　この介護問題を解決するために、2000（平成12）年に介護保険制度が導入されたが、これで介護問題のすべてが解決したわけではなく、保険者としての市町村は、これまでの実績もふまえて関連する周辺施策と一体的・総合的に事業を展開していかなければならない。

②　ひとり暮らし高齢者等の増加
　長寿高齢社会は、配偶者の一方の死亡などによる**ひとり暮らし高齢者**と核家族化が定着するなかでの高齢者のみ世帯がふえている。そのなかには、地域社会から孤立し、孤独な生活をおくっている高齢者もおおく、火災をださ

ないかと心配される高齢者、死後何日もたって発見される「**孤独死**」した高齢者なども跡をたたない。

このような分野では、見守りや声かけなどで近隣や地域のはたす役割がおおきいが、自治体としては活動団体と十分に連携をとって必要な協力をおこなっていくべきであろう。

③ 元気高齢者の社会参加

加齢にともない心身機能の低下はさけられないが、多数の高齢者は心身ともに自立した生活をいとなんでいる。これらの高齢者のなかには、就労や地域活動・ボランティアなどをとおして社会参加をしている高齢者もおおいが、社会参加活動を希望しながらその機会にめぐりあえない高齢者もいる。

社会参加活動は、生きがい、心身の健康、地域社会への貢献、経済的収入などの効果をもたらしている。

自治体は、地域レベルでの社会参加活動のための拠点づくりなどの環境を整備していく必要があろう。

(5) 出生数の減少

子どもの出生数の減少は、長期的には生産年齢人口と総人口の減少をもたらすが、子どもに目をむけると次世代をになう子ども自身の健全な成長が懸念される。

子どもは、家庭、保育所、学校、地域などにおける人と環境との交わりのなかで成長する。子育ち・子育ての課題は、福祉、教育、労働、住宅などのひろい分野にかかわりをもつので、自治体・国のみならず企業、地域組織、関係機関、家庭などが総力をあげてとり組んでいかなければ解決できない。

市町村には、地域社会における子育ち・子育ての課題に主体的にとり組んでいく責任がある。

① 子育ち環境の悪化

　子どもの絶対数の減少と核家族化は、子ども同士や異世代間の接触の機会を少なくしている。これは、子どもに社会性が欠ける原因ともなり、子ども自身の情緒安定や人格形成を阻害する要因ともなる。また、子どもをめぐっては、虐待、いじめ、薬物使用、自殺、殺傷など非行・犯罪など深刻な問題も発生している。子どもが健全に育っていくための相談・助言の支援や拠点づくりなどの環境を整備することが重要な課題である。

② 子育ての困難

　子育ての経験のない若い母親が身近に相談相手もなく、子育てになやみ、育児ノイローゼになって自分の子どもを虐待するケースまで発生している。また、出産した女性が育児と仕事の両立困難な場面に直面している。
　何よりも女性が安心して子どもをうみ、健康に育てられるよう、相談支援、保育事業、母子保健などの条件・環境を整備していくことが必要である。

〈第1章　資料〉

1　総人口の推移と推計

〈総人口の推移〉

年	人口 (千人)
1872（明治 5 ）	34,806
1900（明治33）	43,847
1920（大正 9 ）	55,963
1940（昭和15）	71,933
1960（昭和35）	93,419
1970（昭和45）	103,720
1980（昭和55）	117,060
1990（平成 2 ）	123,611
2000（平成12）	126,926

〈総人口の推移〉

年	人口 (千人)
2001	127,291
2002	127,435
2003	127,619
2004	127,687
2005	127,611

注：人口の推移は総務省「国勢調査報告」（2000年まで）および「人口推計年報」（2001年～2005年）による。
人口推計は国立社会保障・人口問題研究所「日本の将来人口推計」（平成14年1月推計・中位推計）による。なお、2051年以降については参考推計である。

〈総人口の推計〉

年	人口 (千人)
2001	127,183
2002	127,377
2003	127,527
2004	127,635
2005	127,708
2006	127,741
2007	127,733
2015	126,266
2025	121,136
2050	100,593
2073	80,031
2088	70,061
2100	64,137

2　世帯構造別にみた世帯数の構成割合および平均世帯人員の推移

年	単独世帯 (%)	夫婦のみの世帯 (%)	夫婦と未婚の子のみの世帯 (%)	ひとり親と未婚の子のみの世帯 (%)	三世代世帯 (%)	その他の世帯 (%)	平均世帯人員 (人)
1988（昭和61）年	18.2	14.4	41.4	5.1	15.3	5.7	3.22
1989（平成 4 ）年	21.8	17.2	37.0	4.8	13.1	6.1	2.99
1995（平成10）年	23.9	19.7	33.6	5.3	11.5	6.0	2.81
2001（平成13）年	24.1	20.6	32.6	5.7	10.6	6.4	2.75
2004（平成16）年	23.4	21.9	32.7	6.0	9.7	6.3	2.72

注：厚生労働省「国民生活基礎調査」による。

3 高齢化の推移

年	老齢人口		平均寿命（歳）		100歳以上人口（人）
	人数（千人）	割合（％）	男	女	
1950（昭和25）	4,109	4.9	59.6	63.0	―
1960（昭和35）	5,350	5.7	65.3	70.2	―
1970（昭和45）	7,331	7.1	69.3	74.7	310
1980（昭和55）	10,653	9.1	73.4	78.8	968
1990（平成 2）	14,928	12.0	75.9	81.9	3,296
1995（平成 7）	18,277	14.5	76.4	82.9	6,378
2000（平成12）	22,041	17.3	77.7	84.6	13,036
2002（平成14）	23,628	18.5	78.3	85.2	17,934
2004（平成16）	24,876	19.5	78.6	85.6	23,038

注：総務省「国勢調査報告」（2000年まで）および「人口推計年報」（2002、2004年）による。
総務省「国勢調査報告」、厚生労働省「生命表」および同省資料による。なお、（　）内は75歳以上　人口の割合。

4 高齢者人口の推計

年	人数（千人）	割合（％）
2002	23,581	18.5
2004	24,722	19.4
2006	26,172	20.5
2010	28,735	22.5
2015	32,772	26.0
2025	34,726	28.7
2050	35,863	35.7

注：国立社会保障・人口問題研究所「日本の将来人口推計」（2002年1月推計）による。

5 主要国の倍化年数 （7%→14%）

日本→24年　ドイツ→40年
イギリス→47年　デンマーク→53年
スウェーデン→85年　フランス→115年
注：国立社会保障・人口問題研究所資料による。

6 年少人口の推移

年	人数（千人）	割合（％）
1950（昭和25）	29,430	35.37
1960（昭和35）	28,067	30.04
1970（昭和45）	24,823	23.93
1980（昭和55）	27,524	23.51
1990（平成 2）	22,544	18.24
1995（平成 7）	20,033	15.95
2000（平成12）	18,505	14.58
2002（平成14）	18,102	14.2
2004（平成16）	17,734	13.9

注：総務省「国政調査報告」（2000年まで）および「人口推計年報」（2002・2004年）による。

7　年少人口の推計

年	人数（千人）	割合（%）
2002	18,123	14.2
2004	17,842	14.0
2006	17,623	13.8
2010	17,074	13.4
2015	16,197	12.8
2025	14,085	11.6
2050	10,842	10.8

注：国立社会保障・人口問題研究所「日本の将来人口推計」（2002年1月推計）による。

8　出生数・死亡数・合計特殊出生率の推移

年	出生数（人）	死亡数（人）	自然増加数（人）	合計特殊出生率
1970（昭和21）	1,934,239	712,962	1,221,277	2.13
1980（昭和55）	1,576,889	722,801	854,088	1.75
1990（平成2）	1,221,585	820,305	401,280	1.54
1995（平成7）	1,187,064	922,139	264,925	1.42
2000（平成12）	1,190,547	961,653	228,894	1.36
2002（平成14）	1,153,855	982,379	171,476	1.32
2004（平成16）	1,110,721	1,028,602	82,119	1.29
2005（平成17）	1,067,000	1,070,000	△10,000	-

注：厚生労働省「人口動態統計の年間推計」による。
　　2004年までは確定値、2005年は推計値

9　死因別死亡数（第10位まで）

年	悪性新生物（人）	心疾患（人）	脳血管疾患（人）	肺炎（人）	不慮の事故（人）	自殺（人）	老衰（人）	腎不全（人）	肝疾患（人）	慢性閉塞性肺疾患（人）
2003	309,543	159,545	132,067	94,942	38,714	32,109	23,449	18,821	15,737	13,626
2004	320,358	159,625	129,055	95,534	38,193	30,247	24,126	19,117	15,885	13,444

注：厚生労働省「人口動態統計の年間推計」による

第2章　分権・自治体改革と福祉改革

1947（昭和22）年制定の地方自治法は、日本国憲法の規定をうけて地方自治制度の基本的な枠組みをさだめている。制定後に、幾多の改正がおこなわれてきたが、1999（平成11）年に地方分権化のための新法制定ともいえる大改正がおこなわれ、2000（平成12）年4月1日から施行された（以下「**2000年分権改革**」という。）。それ以前においても、国から自治体へ権限・事務の委譲がおこなわれてきたが、福祉分野の事務が他の行政分野に先行し、量的にももっともおおかった。

　また、福祉法制は、第二次世界大戦直後の1946（昭和21）年から1949（昭和24）年にかけて制定された児童福祉法などの「**福祉三法**」時代から、高度経済成長期の1960（昭和35）年から1964（昭和39）年にかけて制定された老人福祉法などをくわえた「**福祉六法**」時代をへて、いくつもの法改正や新法の制定がおこなわれてきている。

　本章においては、21世紀の自治・分権型社会および福祉社会の構築にむけての分権・自治体改革と福祉改革の動向を跡づけておく。

　政策主体としての自治体は、国法による制度・政策の枠組み・全国基準および国の計画を主体的にうけとめながら、自主的に地域の特性をいかした総合的な政策展開をはかっていかなければならない。

1　分権・自治体改革

(1)　福祉の分権化

①　機関委任事務の自治体事務化

　1986（昭和61）年に、「地方公共団体の執行機関が国の機関として行う事務の整理及び合理化に関する法律」（いわゆる機関委任事務整理合理化法）が制定され、10省庁にわたる43本の法律改正があり、50項目の機関委任事務

が団体（自治体）事務化を中心に整理・合理化された。

そのなかでは、当時の厚生省関係の事務がもっともおおく、児童福祉法、老人福祉法、身体障害者福祉法など15法律10数項目の改正がおこなわれた。

機関委任事務から自治体事務になったものには、保育所、助産施設、特別養護老人ホームなどの福祉施設への入所措置事務や身体障害者にたいする更正医療給付事務などがある。また、ショートステイ事業やデイサービス事業が市町村事務として明定された。

この改正は、当時としては画期的なもので、その後の**分権化への布石**となったものであるといえる。

2000年分権改革以前は、自治体が処理すべき事務として、自治体固有の公共事務、国から自治体に委任された団体委任事務および市民の権利義務にかかる行政事務の三つの区分があり、それとは別に長など自治体の機関が国の下部機関として処理すべき事務として、国から長などの機関に委任された機関委任事務があり、それがおおきな比重をしめていた。機関委任事務の割合は、自治体が処理する事務のうち、都道府県で7〜8割程度、市町村で4〜5割程度とみられていた。

機関委任事務は、地方自治法では「国の機関としての都道府県知事（市町村長）の権限に属する国の事務」あるいは「長が国の機関として処理する行政事務」とされ、**その特徴点**は、次のとおりである。

a　機関委任事務の処理については、都道府県にあっては主務大臣、市町村にあっては都道府県知事および主務大臣の指揮監督権をうける。

b　機関委任事務の管理・執行に法令違反などがある場合には、主務大臣（市町村長にたいしては都道府県知事）は自治体の長にたいして是正勧告、執行命令、職務執行命令訴訟の提起および代執行をおこなうことができる。

c　機関委任事務につき市町村長に法令違反などがある場合には、都道府県知事は、その処分を取消・停止することができる。

d　機関委任事務は自治体の事務でないので、条例を制定することができ

ない。
e　機関委任事務は自治体の事務でないので、議会のおおきな権限である調査権（地方自治法100条）がおよばない。

②　福祉関係八法律の改正

1990（平成2）年の「老人福祉法等の一部を改正する法律」の制定により、老人福祉法、老人保健法、児童福祉法などの福祉8法が改正された。

この改正によって、ホームヘルプサービス、ショートステイおよびデイサービスのいわゆる**在宅福祉の三本柱**が「居宅介護支援事業」として市町村事務として明確に位置づけられた。また、福祉事務所を置いていない町村にも特別養護老人ホームおよび養護老人ホームの入所措置権限がうつされて在宅福祉サービスと施設福祉サービスの一元化がはかられた。

さらに、高齢者にたいする保健福祉サービスの総合的な供給をはかるために老人福祉計画と老人保健計画とを一体のもの（**老人保健福祉計画**）として策定することが自治体に義務づけられ、福祉分野に計画行政が本格的にとりいれられた。

老人保健福祉計画関係の改正は、前年度に策定された「高齢者保健福祉十か年戦略」（ゴールドプラン）に法的な裏づけをあたえるものであった。

③　地域保健体制の整備

1994（平成6）年の「地域保健対策強化のための関係法律の整備に関する法律」の制定により、保健所法（→地域保健法）や母子保健法などが改正された。

この改正で、1997（平成9年）に保健所の再編がおこなわれるとともに、妊産婦・乳幼児にたいする健康診査・保健指導などや全地域の人びとを対象とした栄養相談・栄養指導などの保健所事務が市町村事務とされた。また、地域の人びとの保健活動の拠点として**市町村保健センター**が法定化された。

これによって、市町村は妊婦および乳幼児を対象にした母子保健事業と40歳以上の市民を対象とした老人保健事業の実施主体となった。

④　学童保育事業の法制化

　1997（平成9）年の児童福祉法の改正により、それまで国の予算措置でおこなわれていた学童保育（クラブ）事業が「**放課後児童健全育成事業**」として法制化され、翌年度から施行された。実施主体には、市町村以外に社会福祉法人その他の者が参入できるようになり、その他の者には法人格をもたない地域の父母会などの任意団体もふくまれ、地域の実情におうじた多様な事業展開がはかれるようになった。

⑤　介護保険制度の創設

　1997（平成9）年に、深刻化する介護問題への対策として介護保険法が制定され、準備期間をへて2000（平成12）年4月1日から施行された。
　地方分権の流れのなかで、介護サービスには地域ごとの特性があること、地域ごとのサービス水準を保険料に反映させやすいことなどの理由から市町村が保険者とし運営責任をもつことになった。
　実施当初には混乱があったものの、市町村にとっては、地方分権をうけとめていく力量をしめすよい機会になった。

⑥　地方分権一括法の施行

　1997（平成9）年7月に、「地方分権の推進を図るための関係法律の整備等に関する法律」（**地方分権一括法**）が制定され、当時の厚生省所管の91本をふくむ475本の法律が改正され、2000（平成12）年4月1日から施行された。
　地方分権一括法は、国・地方をつうじる中央集権型の行政システムを自治体と国との関係を「対等・協力」のものとする地方分権型におおきく転換するものであった。その主眼点は、機関委任事務の廃止とそれにともなう新たな事務区分の設定および自治体にたいする国の関与の新たなルールの創設である。
　機関委任事務の廃止による新たな事務区分として**自治事務**と**法定受託事務**

(第1号法定受託事務・第2号法定受託事務）とがもうけられた。

　自治事務は、自治体が本来はたすべき役割にかかる事務で、これが基本となるが、地方自治法では自治体が処理する事務のうち法定受託事務以外のものとされている。

　第1号法定受託事務は、国が本来はたすべき役割にかかる事務であって、国においてその適正な処理をとくに確保する必要があるものとして法律・政令にとくにさだめたものである(生活保護事務、児童手当受給資格の認定など)。

　第2号法定受託事務は、都道府県が本来はたすべき役割にかかる事務であって、都道府県においてその適正な処理をとくに確保する必要があるものとして法律・政令にとくにさだめたものである（福祉関係にはないが、都道府県議会議員・知事の選挙事務など)。

　従来の機関委任事務は、自治事務、法定受託事務、国直轄事務および廃止の4つに振りわけられ、機関委任事務以外の事務は自治事務に移行した。

　自治体にたいする国の関与については、包括的な指揮監督権を廃止し、新たな事務区分ごとに関与の基本類型をさだめ（助言・勧告、資料の提出要求、協議など)、関与の基本原則を確立し（法定主義、必要最小限および公正・透明性の諸原則)、自治体と国との間の係争処理の仕組みをもうけた（国地方係争処理委員会)。

　機関委任事務の廃止と自治体にたいする国の関与の見直しによって、自治体の自主性・自立性は法的にも一段とたかめられ、自治体は**地方政府**として地域の個性・特性をいかした多様な福祉政策を展開するおおきな可能をもつことになった。

⑦　知的障害者福祉の市町村事務化

　2000（平成12）年制定の「社会福祉の増進のための社会福祉事業法等の一部を改正する等の法律」により、知的障害者福祉法および児童福祉法が改正され、2003（平成15）年4月1日から次のような事務の委譲などがおこなわれた。

a　知的障害者厚生施設などへの入所、知的障害者短期入所、知的障害者地域生活援助事業などにかかる事務が都道府県から市町村に委譲された。
　　b　児童短期入所（障害児のショートステイ）にかかる事務が都道府県から市町村に委譲された。
　　c　市町村は、知的障害者デイサービスを実施し、またはその実施を委託することができることとされた。

　⑧　精神障害者福祉の市町村事務化
　1999（平成11）年の精神保健及び精神障害者福祉に関する法律の一部改正により、精神障害者の居宅生活支援事業および社会復帰施設などの利用にかんする相談・あっせん・調整などの事業が創設され、市町村事務とされ、関係規定が2002（平成14）年4月1日から施行された。

　⑨　子育て支援事業の実施
　2003（平成15）年の児童福祉法の一部改正により、市町村の子育て支援事業にかんする規定が追加・整備され、2005（平成17）年4月1日から施行された。
　　ア　子育て支援事業
　　a　保護者からの相談対応・情報提供・助言をおこなう事業
　　b　保育所などにおける児童の養育支援事業（放課後児童健全育成事業、一時保育事業、幼稚園預かり保育事業など）
　　c　居宅における児童養育支援事業（出産後の保育士派遣事業など）
　　イ　子育て支援事業にかんする情報提供、子育て支援事業の利用の相談・助言・あつせん・調整など

　⑩　高齢者虐待の防止対策
　2005（平成17）年、家庭や施設における高齢者を虐待から守るために、高齢者虐待の防止、高齢者の擁護者に対する支援等に関する法律（**高齢者虐待**

防止法）が制定され、2006（平成18）年4月1日から施行された。これにより、児童虐待の防止等に関する法律および配偶者からの暴力の防止及び被害者の保護に関する法律（ＤＶ法）にくわえて、**虐待・暴力防止三法**ができたことになる。障害者虐待防止法の制定が課題としてのこされている。

高齢者虐待防止法にもとづいて、市町村は相談・指導・助言など重要な役割をになう。

⑪　障害者自立支援制度の創設

2005（平成17）年、身体・知的・精神の障害種別にかかわらず共通の福祉サービスを共通の制度により提供するために支援費制度にかえて障害者自立支援法が制定され、2006（平成18）年4月1日から経過措置をもうけて施行された。これによって、障害者の自立支援を目的とした障害種別ごとに異なる法律にもとづいて提供されてきた福祉サービスや公費負担医療などは、共通の制度のもとで提供されることとなった。また、**障害者自立支援制度**では、サービスの提供主体が市町村に一元化され、その責任のもとに運営・実施されることになった。

⑫　三位一体の改革

2000年分権改革において、国と自治体との財源配分の課題は、積みのこされてきていた。そこで、国は、国庫補助負担金の廃止・縮減等、地方交付税の見直しによる交付税総額の抑制および自治体への税源移譲の三つを一体的におこなうこととした。これが、**三位一体の改革**といわれるものである。具体的には、2004（平成16）年度から2006（平成18）年度の間に、おおむね4兆円程度の国庫補助負担金の廃止・縮減等とおおむね3兆円規模の税源移譲をおこない、地方交付税につては財源保障機能の全般的な見直しで総額を抑制するというものであった。しかし、この三位一体の改革は、国庫補助負担金に見あった税源移譲がおこなわれていないこと、国の権限をのこしたままの交付金化や補助負担金の縮減であることなどから、自治体の裁量の拡大

や税財源の強化につながらない不十分なものである。

この改革の一環として、2004（平成16）年度には、公立保育所運営費の一般財源化がおこなわれた。**一般財源化**とは、国庫補助負担金を地方交付税、地方税など使途が特定されない財源に置きかえることである。それまで、市町村が支弁していた保育所運営費については、都道府県が4分の1、国が2分の1をそれぞれ負担することとされていた。この公立保育所運営費の一般財源化は、2004（平成16）年度に所得譲与税の創設により、税源移譲がおこなわれた。**所得譲与税**は、国税の個人所得税の一部を自治体に本格的な税源移譲をおこなうまでの間の措置としておこなわれたものである。国は、所得譲与税の譲与にあたっては、その使途について条件をつけ、または制限してはならないこととされている。

(2) 自治体改革

① 市町村合併

日本の市町村は、1889（明治22）年に市制・町村制が施行されて以来、合併がくり返しおこなわれてきたが、「明治の大合併」、「昭和の大合併」および「平成の大合併」の3回の大合併がおこなわれてきた。

明治の大合併（1889（明治22）年）では、それまでの71,314町村が約5分の1の15,859市町村になり、**昭和の大合併**（1953（昭和28）～1963（昭和36）年）では9,868市町村がほぼ3分の1の3,472市町村になっている。

そして、**平成の大合併**（1999（平成11）年～2006（平成18）年）は、2000年分権改革をはさんで、基礎自治体である市町村の行財政基盤の強化をはかり、より充実したサービスを提供し、住みやすいまちづくりすすめるとの目的のもとに、合併特例債などの財政支援をテコにして強力にすすめられてきた。その結果、国の目標とした3分の1にはならなかったものの、3,229市町村からほぼ2分の1の1,820市町村へと合併がすすんだ。しかし、合併特例債による旧来型のハコモノづくりや道路建設事業の将来負担、合併への意見

対立のしこりなどで今後に課題をのこしている例も見うけられる。

② 指定管理者制度

2003(平成15)年の地方自治法の一部改正により、公(おおやけ)の施設の管理委託制度にかえて指定管理者制度が導入され、同年9月2日から施行されている。

公の施設とは、地域の人たちの福祉を増進する目的で地域の人たちの利用に供するために、自治体が設置した施設である。自治体が設置している特別養護老人ホーム、在宅サービスセンター、保育所、児童館、障害者福祉センターなどの福祉施設は公の施設に該当する。自治体は、公の施設の利用をとおして、地域の人たちにおおくのサービスを提供している。

この公の施設の管理については、従来は自治体が直接に管理運営する方式(公設公営)または公共団体・公共的団体・自治体の一定の出資法人(2分の1以上出資など)に管理運営を委託する方式(公設民営)がとられてきた。近年では、行財政改革の一環として公設民営方式への移行が大勢となってきていたが、この方向を一層すすめ、民間の能力を活用しつつ、市民サービスの向上と経費削減などをはかることを目的に指定管理者制度が導入された。これにともなって、自治体は、新たに設置する公の施設については直営か指定管理者制度によることになり、改正規定施行前に民間委託されていた公の施設については同規定の施行後3年以内(2006年(平成18)9月1日まで)に直営方式か指定管理者制度に移行するかの選択をしなければならない。

指定代理人制度の特徴点は、次のように整理できる。

a 「指定」という行政処分を介して、「指定管理者」に、公の施設の管理を包括的に委任・代行させるものである(委託契約から**管理代行**へ)。

b 指定管理者は、行政処分としての使用許可をおこなうことができる。ただし、使用料の強制徴収、行政財産の目的外使用許可などは、法令上、長のみが行使できる権限である。

c 指定管理者の範囲は、法人その他の団体であり、民間事業者もふくま

れ、法人格のない団体でも指定できる(従来は、公共団体・公共的団体・自治体の出資法人に限定)。
　d　自治体の自主性・自立性を尊重するため、指定手続、管理基準、業務範囲、利用料金基準などについては、条例でさだめる。また、指定管理者の指定にあたって議会の議決を必要とする。
　このうち、とくに、指定管理者の指定手続きの透明性・公平性をはかることが課題である。

③　行財政改革

　自治体は、財源縮小期にあって、これまで以上に徹底した行財政改革をすすめていかなければ、市民ニーズにもとづく政策をすすめていくことが困難になっている。
　総務省は、1997 (平成9) 年の「地方自治・新時代に対応した地方公共団体の行政改革推進のための指針」につづいて、2005 (平成17) 年に「地方公共団体における行政改革の推進のための新たな指針」を策定し、自治体に技術的な助言として通知している。
　そのなかで、新たな行政改革大綱等の策定または従来の行政改革大綱の見直しと事務・事業の再編・整理、廃止・統合、民間委託など(指定管理者制度の活用をふくむ)、定員管理の適正化、給与の適正化などの具体的な取組みをもり込んだ集中改革プラン (2005年度～おおむね2010年度) の策定・公表などをしめしている。
　自治体の自主的な行財政改革は、このような通知をまつまでもなく、市民にたいして政策責任をおう立場から当然にとり組むべき重要課題である。

2 福祉の構造改革

(1) 措置から契約へ

　福祉制度の構造改革の柱は、「措置」から「契約」への福祉サービス利用の仕組みの転換である。

　福祉の措置とは、福祉サービスの提供の可否・内容・提供者などを市町村長などの行政庁(措置権者)が、その権限(措置権)にもとづいて一方的に決定する仕組みである。このような決定の仕方を**行政処分**という。

　この決定は、利用者の請求権にもとづいておこなわれるものではなく、実際上の申請行為があってもそれは単に措置のきっかけにすぎないものとされ、措置の結果うけられることになったサービスは、措置の**反射的利益**にすぎないものであるされてきた。

　措置制度は、行政側が一方的に決定する仕組みであるから、利用者はその

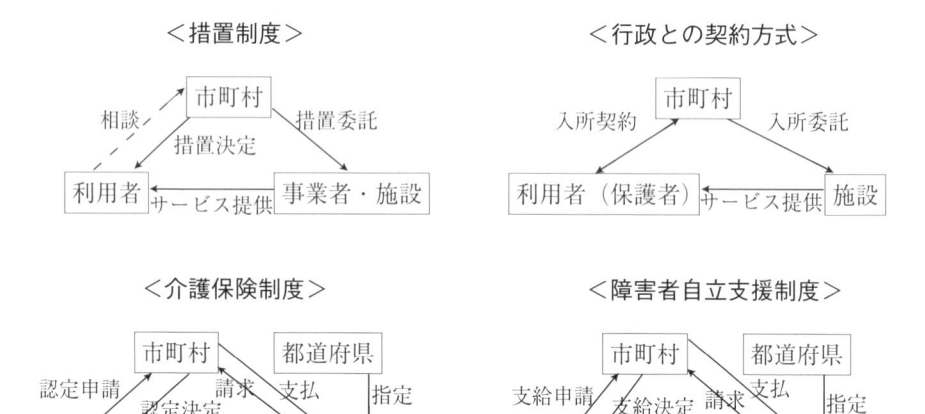

＜措置制度＞

```
         市町村
 相談 ↗  ↓ ↘ 措置委託
      措置決定
 利用者 ← 事業者・施設
      サービス提供
```

＜行政との契約方式＞

```
            市町村
 入所契約 ↗       ↘ 入所委託
 利用者(保護者) ← 施設
           サービス提供
```

＜介護保険制度＞

```
      市町村 ─── 都道府県
 認定申請 ↑↓  請求↗ 支払↓ 指定
      認定決定
 利用者 ←──→ 事業者・施設
       利用契約
```

＜障害者自立支援制度＞

```
      市町村 ─── 都道府県
 支給申請 ↑↓ 請求↗ 支払↓ 指定
      支給決定
 利用者 ←──→ 事業者・施設
        利用契約
```

決定にしたがって利用するほかなく、利用者には選択の余地のないものである。この**措置概念**は、福祉を権利としてとらえるのではなく、恩恵・慈恵的なものとする考え方にもとづいていたということができる。また、利用者は、行政処分の客体であり、サービスの消極的な受益者にすぎないものとみなし、利用者の主体性は埋没されていた。

このように、措置概念は、日本国憲法の権利保障体系からみても根本的な問題をふくんでいた。したがって、このような措置制度の転換をはかることが福祉改革の核心であったといえる。

福祉サービスの利用について、措置制度から利用者の選択にもとづく契約・利用制度への転換は3つの方式によりおこなわれた。

　※　行政庁・行政処分・契約
　行政庁とは、自治体・国などの行政主体のために意思決定をし、それを市民にたいして表示する権限をもっている機関のことをいう。市町村には行政庁として、市町村長（独任制）や教育委員会・選挙管理委員会等の行政委員会（合議制）がある。
　行政処分とは、行政行為とほぼ同じ意味で、行政庁が法律にもとづいて、その一方的な判断で市民の権利・義務を形成し、または権利・義務の範囲を具体的に決定する行為をいう。私法行為である契約は、当事者の内心の意思を優先するので一方的に相手を拘束できないこと、法律と異なる取りきめをすることができること（任意法）、意思と表示との関係で効力が決せられることなどの性質をもっている。これにたいして、行政処分は、法律の執行であって法律を優先することから法律の内容を一方的に実現できること、法律と異なる行為が許されないこと（強行法）、法律との関係において効力が決せられることなどの性質をもっている。

　※　反射的利益
　反射的利益とは、法律にさだめられていることまたは法律を実施した結果から派生する利益のことをいう。たとえば、医師法により医師に診療義務がさだめられている結果、患者は診療を拒否されることなく受診できる利益があり、また道路法にもとづいて市町村が道路をつくった結果、利用できる利益をうけられるなどである。
　判例：「老人福祉法11条の規定による措置は、措置の実施者に課せられた義務であって、希望者からの請求権に基づくものではなく、したがって、措置を受けることにより老人ホームにおいて養護されることは、老人に与えられた権利ではなく、地方公共団体に措置義務があることから派生する反射的利益にすぎないと解するのが相当である。」（東京高裁平成4年11月30日判決、最高裁平成5年7月19日第二小法廷判決）。

① 行政との契約方式
ア 保育所入所の仕組み

1998（平成10）年4月1日から、保育所入所の仕組みが、市町村による「保育の措置」から「保育の実施」によるものへとかわった。

「**保育の実施**」は次のようにしておこなわれる。

a 市町村は、保育に欠ける児童の保護者からの申込みがあったときは、それらの児童を保育所において保育しなければならない。

b 保育の実施を希望する保護者は、希望する保育所などを記載した申込書を市町村に提出する。

c 市町村は、一つの保育所について、定員をこえるなど申込児童のすべてが入所すると適切な保育の実施が困難となるような場合には、入所児童を公正な方法で選考できる。

d 市町村は、保育の実施を決定した児童ごとに「保育児童台帳」を作成し、保護者にたいして「保育所入所承諾書」を交付する。保育の実施をおこなわない場合には、保護者に「保育所入所不承諾通知書」を交付し、入所をみとめられない旨およびその理由などを通知する。

このように保育所への入所は、保護者の「申込み」にたいする市町村の「承諾」という両者の合意によるものであるから、法的には保護者と市町村との「契約」にもとづくものである（**行政との契約方式**）。

また、市町村は、保護者の保育所の選択および保育所の適正な運営の確保に役だてるため、保育所の設備および運営の状況などの情報提供をおこなわなければならない。

行政との契約方式については、保護者と保育所設置者との直接契約とすべきであるとの考え方もあるが、従来の措置とちがって、制度として保護者に希望する保育所を選択することが認められたこと、市町村に情報の提供が義務づけられたことなどの点で評価すべきであろう。

イ 助産施設・母子生活支援施設入所の仕組み

2001（平成13）年4月1日から、助産施設および母子生活支援施設への入所の仕組みが、措置制度から利用者が希望する施設を都道府県、市および福祉事務所を設置する町村に申し込み、利用する方式にあらためられた（**行政との契約方式**）。

助産施設は、経済的理由により入院助産をうけることができない妊産婦を入所させ助産をうけさせるための施設である。

母子生活支援施設は6歳未満の児童を養育などしている女性が生活上の問題によって、その養育を十分におこなうことができない場合に母子ともに入所させて、その自立をはかるための施設である。

② 介護保険制度

2000（平成12）年4月1日からスタートした介護保険制度の基本理念は高齢者の自立と自己選択・自己決定を尊重することである。介護を必要とする者は、原則として事前に介護の必要性・その程度にかんする要介護認定をうけて、事業者・施設と対等の関係のもとで「契約」をむすび、それにもとづいてサービスを利用する。

介護保険制度には、利用者がサービスを適切にうけられるよう支援するケアマネージメントの手法も本格的にとりいれられている。

③ 障害者自立支援制度

2003（平成15）年4月1日から、従来、措置により提供されていた障害者（児）福祉サービスの一定のものについては、利用者と事業者・施設との直接契約にもとづいてサービスを利用し、市町村は利用者に支援費を支給する方式に改められた（支援費制度）。ところが、利用者の急増や地域間の格差がおおきいことなどから抜本的な見直しがおこなわれ、2006（平成18）年4月1日から障害者自立支援制度が新たにスタートした。

この制度の仕組みは、社会保険方式でないが、介護保険制度に類似するものとなっている。

(2) 利用者保護の仕組み

2000(平成12)年に利用者本位の福祉制度を確立するために、福祉事業の規制を主眼としていた社会福祉事業法が改正され、名称も法律の性格の変化にあわせて「社会福祉法」にあらためられ同年から施行され、利用者保護の仕組みが整備された。

① 地域福祉権利擁護制度(福祉サービス利用援助事業)

認知症高齢者など判断能力の不十分な者のサービス利用を援助する仕組みとして、1999(平成11)年から開始されていた地域福祉権利擁護事業が「福祉サービス利用援助事業」として法定化された。これは、民法の成年後見制度を補完するもので、実施主体は都道府県社会福祉協議会が中心となっているが、同事業を目的とした社会福祉法人を設立することもできる。

都道府県社会福祉協議会は、この事業の一部(相談、申請の受付、支援計画の作成、契約、援助など)を市町村社会福祉協議会などに委託して、実施している。

この事業を利用しようとする者は、委託された市町村社会福祉協議会との間で利用契約をむすぶ必要がある。援助の内容は、福祉サービスの利用援助、苦情解決制度の利用援助、居住家屋の賃借、日常生活上の消費契約、住民票の届出などの行政手続にかんする援助およびこれらの援助にともなう預金のはらい戻し・預けいれなどの日常生活費の管理などである。

② 苦情解決の仕組み

福祉サービス利用者の苦情や意見をくみあげて、サービスの改善をはかるために苦情解決の仕組みが整備された。まず、福祉事業の経営者は、つねにその提供する福祉サービスについて利用者などからの苦情の適切な解決に努めなければならない。社会福祉施設については、児童福祉施設最低基準など

の省令に苦情にかんする規定がもうけられている。

　サービス利用にかんする苦情については、利用者と事業者・施設の間で解決することが基本であるが、それがむずかしい場合に福祉サービスの利用者などからの苦情を適切に解決するため、都道府県社会福祉協議会に公正・中立な第三者機関として**運営適正化委員会**がおかれている。

　運営適正化委員会は、苦情解決の申し出があったときは、その相談におうじ、必要な助言をし、事情の調査をおこない、当事者の同意をえて苦情解決のあっせんをおこなうことができる。

③　情報提供と説明・書面交付

福祉事業の経営者には、次の3つの義務が課せられている。
 a　福祉サービスを利用しようとする者が、適切・円滑にサービスを利用できるように、経営する福祉事業にかんする情報の提供に努めなければならない。
 b　福祉サービスの利用申し込みがあった場合には、申込者にたいし契約の内容およびその履行にかんする事項について説明するよう努めなければならない。
 c　契約が成立したときは、当該福祉事業の経営者の名称・住所、提供するサービスの内容、利用者の負担などを記載した書面を交付しなければならない。

自治体・国は、福祉サービスを利用しようとする者が必要な情報を容易にえられるように、必要な措置を講ずるよう努めなければならない。

④　サービスの質の向上

福祉事業の経営者は、みずからその提供する福祉サービスの質の評価をおこなうことなどにより、つねに福祉サービスをうける者の立場にたって良質・適切な福祉サービスを提供するよう努めなければならない。

サービスの質の評価については、まずサービス提供者が自己評価をおこな

うことが前提であり、これにくわえて公正・中立な立場の第三者評価機関の専門的・客観的な観点からのサービスの評価をうける必要がある。

第三者評価のメリットは、個々の事業者が自己評価では気づかない事業運営上の具体的な問題点を把握し、改善にむすびつけて、サービスの質の向上をはかるとともに、評価結果の公表などにより利用者に適切なサービスの選択のための情報を提供することにある。

サービスの評価には、さらに利用者による評価の仕組みをくみいれることも必要である。

第三者評価事業については、東京都において先駆的な研究と実践がおこなわれてきている。東京都の第三者評価システムは、利用者評価と事業者評価をあわせておこなうこと、事業者を比較できるように共通評価項目を必ずとりいれ評価すること、多様な評価機関の参入をみとめていること、評価結果を公表していることなどが特徴点としてあげられている。

また、広告をするときは、広告されたサービスの内容などについて、いちじるしく事実に相違する表示をし、または実際のものよりもいちじるしく優良・有利であると人を誤認させるような表示をしてはならない。(**誇大広告の禁止**)

(3) 福祉政策の計画化

国においても福祉政策を総合的・計画的に推進するために高齢者、子どもおよび障害者の福祉にかんする計画行政を積極的にすすめている。

① ゴールドプラン

急速にすすむ高齢化への対応策として、1989 (平成元) 年に消費税の導入と引きかえに、「高齢者保健福祉十か年戦略」(ゴールドプラン・1990年度〜1999年度) が策定された。ところが、1993 (平成5) 年に全国の自治体が策定した老人保健福祉計画においておお幅なサービスの整備の必要性があきら

かになり、新たに「高齢者保健福祉十か年戦略の見直し」（新ゴールドプラン・1995年度～1999年度）が策定された。

さらに、1999（平成11）年には施策の一層の充実をはかるため、介護サービス基盤の整備をふくむ総合的なプランとして、「今後5年間の高齢者保健福祉施策の方向～ゴールドプラン21～」（2000年度～2004年度）が策定された。

これらのゴールドプランは、自治体の老人保健福祉計画などの目標設定の基準となってきた。

② エンゼルプラン

子ども家庭福祉分野については、1994（平成6）年に「今後の子育て支援のための施策の基本的方向について」（エンゼルプラン・1995年度～1999年度）が策定され、保育サービスなどの充実がはかられてきた。1999（平成11）年には、中長期的にすすめるべき総合的な少子化対策の指針として「少子化対策基本方針」が閣議決定され、同時に「重点的に推進すべき少子化対策の具体的実施計画について」（新エンゼルプラン・2000年度～2004年度）が策定・推進されてきた。

2002（平成14）年には、2000年の国勢調査結果の「夫婦出生力の低下」というあらたな現象をふまえて、もう一段の少子化対策を推進するため、「**少子化対策プラスワン**」が策定され、この対策に実効性をもたせるため2003

※　リハビリテーション
　リハビリテーションとは、一般的に障害をもった人を社会復帰させることをいうが、本来、全人間的復帰を意味するものとされている。医学的、職業的、教育的および社会的なリハビリテーションがある。
※　ノーマライゼーション
　ノーマライゼーションとは、もともと障害者を一般社会から隔離・排除することなく、障害者が人格を尊重され一般社会で普通に生活できることをいう。現在では、障害をもつ人も、もたない人も、高齢者も子どももみんなが地域社会の一員として共に生活することが正常な社会であるという意味でつかわれている。

(平成15)年に「次世代育成支援対策推進法」が制定された。この法律は、2015年3月31日までの時限立法で、この期間に集中的に少子化対策をおしすすめようとするものである。

この法律にもとづき、自治体は次世代育成支援対策の実施にかんする計画(市町村・都道府県行動計画)を策定するものとされた。

③ 障害者プラン

障害者計画については、1982(昭和57)年の「国連障害者の10年」に際して「障害者施策に関する長期計画」、その後1992(平成4)年には「障害者施策に関する新長期計画」(1993年度〜2002年度)が策定されて、これが障害者基本法による「障害者基本計画」と位置づけられた。

さらに、2002(平成14)年には、新長期計画における「リハビリテーション」および「ノーマライゼーション」の理念を継承するとともに、障害者の社会への参加・参画にむけた一層の推進をはかるため、あたらしい障害者基本計画(2003年度〜2012年度)と重点施策実施計画が策定されている。

市町村は、障害者基本法により国の障害者基本計画を基本とするなどして、「市町村障害者計画」を策定するよう努めなければならないものとされているが、2007(平成19)年4月1日から策定が義務づけられる。

〈第2章 資料〉

1 市町村数の変遷

年・月	市	町	村	計
1888（明治21）	—	(71,314)		71,314
1889（明治22）	39	(15,820)		15,859
1922（大正11）	91	1,242	10,982	12,315
1945（昭和20）・10	205	1,797	8,518	10,520
1947（昭和22）・8	210	1,784	8,511	10,505
1953（昭和28）・10	286	1,966	7,616	9,868
1961（昭和36）・6	556	1,935	981	3,472
1985（昭和60）・4	651	2,001	601	3,253
1995（平成7）・4	663	1,994	577	3,234
1999（平成11）・4	671	1,990	568	3,229
2002（平成14）・4	675	1,981	562	3,218
2006（平成18）・4	778	845	197	1,820

2 ゴールドプラン21の目標値（抜粋）

区 分	新ＧＰ目標・平成11年度	平成16年度
訪問介護（ホームヘルプサービス）	17万人	約35万人
通所介護（デイサービス）	1万7千か所	約2万6千か所
短期入所（ショートステイ）	6万人分	約9万6千人
介護老人福祉施設（特別養護老人ホーム）	29万人分	36万人分
介護老人保健施設	28万人分	29万7千人分

3 新エンゼルプランの目標値（抜粋）

区　分	平成11年度	平成16年度
低年齢児(0～2歳)受入れ	58万人	68万人
延長保育	7,000か所	10,000か所
一時保育	1,500か所	3,000か所
地域子育て支援センター	1,500か所	3,000か所
放課後児童クラブ	9,000か所	11,500か所

第 3 章　自治体と福祉政策

1　自治体の位置

(1)　政策主体としての自治体

①　自立した地方政府

　自治体は、地域における中核的な政策主体であり、国から自立した政府として、みずからの政策を決定し、実施する責任をおっている。
政府とは、立法権および行政権をもち、それを行使する機関をそなえた組織（機構）のことをいう。自治体は、自治権すなわち自治立法権および自治行政権を日本国憲法94条で保障され、その地域の主権者が選挙によってえらんだ代表機関（議会および長）をそなえ、その代表機関をとおして、立法と行政をおこなっている。したがって、自治体は、中央政府である国から自立した、れっきとした**地方政府**である。

　地方政府としての自治体（法律的には「地方公共団体」）には、基礎自治体（市町村および東京23特別区。以下「市町村」という）と広域自治体（都

〈自治体の区分〉

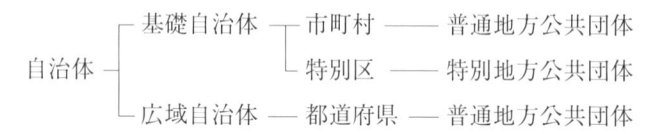

```
              ┌─ 基礎自治体 ─┬─ 市町村 ──── 普通地方公共団体
自治体 ───────┤              └─ 特別区 ──── 特別地方公共団体
              └─ 広域自治体 ─── 都道府県 ──── 普通地方公共団体
```

※特別区と行政区
　特別区は、法人格をもった基礎自治体で、東京23区である。区民の代表機関として区議会および区長がもうけられており、議会議員および区長は区民の直接選挙でえらばれている。行政区は、大都市を地理的に区分したもので、法人格をもたず、市の一部として、区域内において市の一部の事務を処理している。

道府県）とがある。

　基礎自治体は、村、町、市および特別区に区分され、さらに市は、市（一般市）、**大都市**、**中核市**および**特例市**に区分される。ここでいう大都市は、一般には「指定都市」または「政令指定都市」とよばれているが、中核市および特例市も政令で指定される。そこで、誤解を生じないように「大都市」としておく。大都市は、法律・政令で都道府県の事務とされているものを処理することができ、中核市は大都市が処理できる事務を処理することができ、

〈基礎自治体の区分〉

区　分	成立要件	行政機関の設置（例）		
		福祉事務所	児童相談所	保健所
村	―	任　意	―	―
町	都道府県条例でさだめる。	任　意	―	―
一般市	人口5万（合併特例3万）以上で、中心市街地戸数が全戸数の6割以上など	設　置	―	可
特例市	人口20万以上など	設　置	―	可
中核市	人口30万人以上（50万未満では面積100Km²以上）など	設　置	―	設　置
大都市	人口50万以上など。実際上、100万程度（合併特例70万以上）	設　置	設　置	設　置
特別区	地方自治法281条で規定	設　置	―	設　置

※**保健所政令市**
　保健所は、都道府県、地方自治法に規定する指定都市・中核市その他の政令でさだめる市または特別区が設置する（地域保健法5条1項）。この規定にもとづき、政令で指定された市は保健所を設置することができ、指定された市を「保健所政令市」といっている。指定都市・中核市以外の保健所政令市についての要件は法令に規定されていないが、厚生労働省では「人口30万人以上の市は、保健所政令市への移行を検討すること」との指針（告示）をだしている。

特例市は中核市が処理できる事務を処理することができるものとされている。大都市については、事務配分のほかに国の行政関与、行政組織、財政などに特例がもうけられている。

保健所については、都道府県、大都市・中核市その他の政令でさだめる市（**保健所政令市**）または特別区が設置することとされている。

②　政府の存在根拠

自治体や国は、それぞれの政府課題としての公共課題を解決のために存在している。地方・中央政府としての自治体や国は、政府課題の解決を政治・行政という形でおこなっているが、その出発点は、あくまでも主権者である市民にある。すなわち、自治体という地域社会をかたちづくる市民は、その地域内における政治・行政をおこなう権限（自治権）を地域の人びとを代表する機関で構成される地方政府に**信託**している。その信託行為は、主権者である市民が、「選挙」によって地域の代表機関をつくり、その代表機関をとおして政治・行政をおこなう財源として「税金」をおさめることによってお

※　**大都市等**
　地方自治法では、「第12章大都市等に関する特例」として、「第1節大都市に関する特例」、「第2節中核市に関する特例」および「第3節特例市に関する特例」をさだめている。いずれも「政令で指定する」市とされていることからすれば、この三つとも「政令指定都市」である。しかし、条文上では、「政令で指定する人口50万以上の市（以下「指定都市」という。）」（同法252条の19第1項）とされていることなどから、一般にこの条項にもとづいて指定された市を「指定都市」または「政令指定都市」とよんでいる。また、特別区と都との役割分担にかんする規定で「人口が高度に集中する大都市地域」とされている。このように、法文上では用語に混乱がみられる。大都市は、児童福祉、身体障害者福祉、生活保護、知的障害者福祉、母子家庭福祉、高齢者福祉、母子保健などの事務で都道府県が法律・政令にもとづき処理すべき事務のうち政令でさだめるものを処理する。中核市は、大都市が処理することができる事務で都道府県がその区域内にわたり一体的に処理することが効率的な事務など中核市において処理することが適当でない事務以外の事務のうち政令でさだめるものを処理する。また、特例市は、中核市が処理することができる事務で都道府県がその区域にわたり一体的に処理することが効率的な事務など特例市において処理することが適当でない事務以外の事務のうち政令でさだめるものを処理することができる。

〈信託の関係〉

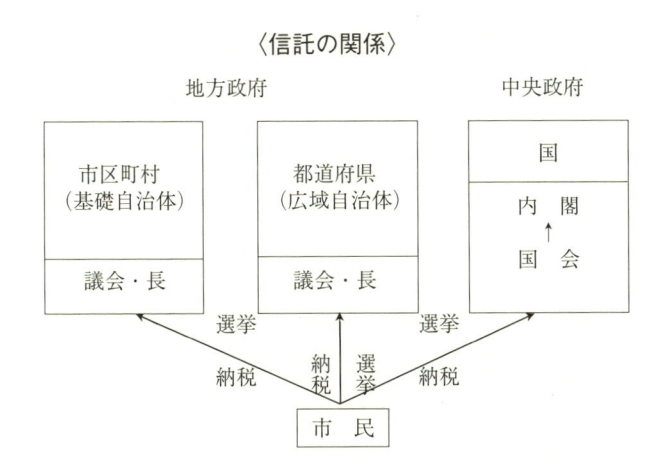

```
        地方政府                      中央政府
   ┌──────────┐  ┌──────────┐    ┌──────────┐
   │ 市区町村  │  │ 都道府県  │    │    国    │
   │(基礎自治体)│  │(広域自治体)│    ├──────────┤
   ├──────────┤  ├──────────┤    │ 内   閣  │
   │ 議会・長  │  │ 議会・長  │    │   ↑     │
   └──────────┘  └──────────┘    │ 国   会  │
        ↑選挙       ↑選挙           └──────────┘
        納税    納選           選挙↗
                税挙      納税
              市　民
```

こなっている。国政については、日本国憲法前文に「そもそも国政は、国民の厳粛な信託によるものであって、その権威は国民に由来し、その権力は国民の代表者がこれを行使し、その福利は国民がこれを享受する。」と規定している。自治体の最高規範として制定される自治（体）基本条例おいても、議会および長の地位は市民の「信託」にもとづくことが規定されるようになっている。

　このようにして、市民は、それぞれのレベルの政府に政治・行政をおこな

※　政治と行政
　政治と行政の意義について、政策およびその主な担い手との関係で次のように整理しておきたい。政治とは、主として、政策課題の提起、政策の決定および政策の統制・監視をおこなうことで、選挙によって選ばれた代表機関（議会・長）によって担われる。行政は、主として、政策の企画・立案、決定された政策の実施および評価をおこなうことで、任命権者から任用（採用）された一般職の職員つまり補助機関によってになわれる。

※　住民と市民
　市町村の区域内に住所を有する者は、当該市町村およびこれを包括する都道府県の住民とされ（地方自治法10条1項）、法律的には一般的に「住民」の用語がつかわれている。また、「市民」の用語は、一般的には市に住んでいる者をさしてつかっている（町→町民、村→村民）。
　特定非営利活動促進法では、「…ボランティア活動をはじめとする市民が行う自由な社会貢献活動…」（第1条）として、主体的・自律的な個人という意味で「市民」の用語がつかわれている。

う権限を信託しているのである(「**複数信託論**」)。

③ 補完性の原則

地域の人びとがかかえている生活問題の解決にあたっての基本的な考え方は次のようになる。

まず、放置できない問題で、個人で解決できる課題については個人が解決にあたる(私領域)。次に、個人で解決できない課題については、できるかぎり市民の協同により解決にあたる(市民領域)。そこでも対応困難な課題については、政府としての自治体や国が解決にあたる(政府領域)。政府領域では、最初に、地域の人びとにもっとも身近な基礎自治体である市町村が解決にあたる。市町村段階で解決できない広域的・専門的な課題については都道府県が解決にあたって、そこでも解決困難な全国規模の課題については国が解決にあたる。さらに、一国で解決できない国際的な課題には国際機関が解決にあたることになる(「**補完性の原則**(principle of subsidiarity)」)。

〈補完の関係〉

個人 → 市民組織 → 基礎自治体 → 広域自治体 → 国 → 国際機関

(2) 自治体の基本的役割

自治体の役割および国との役割分担については、地方自治の基本法である

※ **地方自治法**

地方自治法は、地方自治にかんする基本法で、1947(昭和22)に公布され、翌年5月3日から日本国憲法と同時に施行されている。同法は、憲法の保障する地方自治の本旨にもとづき自治体の組織・運営事項の大綱や自治体と国との関係等についてさだめ、民主的・能率的な自治体行政の確保をはかり、自治体の健全な発達を保障することを目的としている。しかし、大綱としながら、実質400条をこえる条文により細部にわたって規定されている。

地方自治法に次のように規定されている（同法1条の2）。

①　自治体の役割
自治体は、地域の人びとの福祉の増進をはかることを基本として、地域における行政を自主的かつ総合的に実施する役割をひろく担う。

②　国の役割
国は、次にあげるような**国が本来はたすべき役割を重点的**に担う。
- ○　国際社会における国としての存立にかかわる事務（外交、防衛、通貨など）
- ○　全国的に統一してさだめることが望ましい国民の諸活動もしくは地方自治にかんする基本的な準則にかんする事務（生活保護基準、労働基準、地方自治制度など）
- ○　全国的な視点に立っておこなわなければならない施策・事業の実施（公的年金、宇宙開発、骨格的交通基盤など）

また、国は、地域の人びとに身近な行政はできるかぎり自治体にゆだねることを基本として自治体との間で適切な役割を分担するとともに、自治体にかんする制度の策定および施策の実施にあたって、自治体の**自主性**および**自立性**が十分に発揮されるようにしなければならない。

③　市町村と都道府県
基礎自治体は、原則として地域における事務で広域自治体が処理することとされているものをのぞいて一般的に処理する。すなわち基礎自治体の事務処理が原則である。

市町村を包括する広域自治体である都道府県は、原則として地域における事務のうち次にあげるものを処理する。
- ○　広域にわたるもの（**広域事務**）
- ○　市町村にかんする連絡調整にかんするもの（**連絡調整事務**）

○ その規模または性質において一般の市町村で処理することが適当でないと認められるもの（**補完事務**）

また、都道府県は、知事の権限にぞくする事務の一部を条例のさだめるところによって、市町村に処理させることができる（**条例による事務処理の特例**）。

なお、特別区（東京23区）と東京都の間では、首都圏としての一体的な行政の必要性などから消防などの事務については東京都が処理することとされている。

2　自治体政策

(1) 政策の意義

政策とは、端的にいえば、**公共課題の解決策**であり、自治体政策は自治体の責任領域における政策である。

地域の人びとの生活問題は、個人（家族）で解決することを原則とするが、そこで解決できず、社会的な対応によって解決すべき問題が公共課題となる。公共課題には、市民・ボランティア組織など**非政府的な主体**によって担われるものと地方・中央政府としての自治体や国によって担われるものとがある。地方・中央政府は、個人や非政府主体によってとり組めない課題の解決にあたることになる。

この政府課題の解決策が公共政策としての**政府政策**である。政府政策では、基礎自治体が市民にもっとも身近な政府として第一次的な役割を担う。そこで解決できない課題が補完性の原則にもとづき、広域自治体、さらに国へと上昇していく。

なお、**問題**とは、現に困っている状態や将来困るであろう状態のことをいい、**課題**とは、解決すべき問題のことをいう。

(2) 政策の構造

政策は、課題を解決するための基本的な理念・方針、目標およびその達成手段を内容としており、重層的な構造をもっている。すなわち、政策は、**狭義の政策**（ポリシー）、**施策**（プログラム）および**事業**（プロジェクト）ないし**個別施策**の三層からなるものとし、この全体を広義の政策とよぶことができる。また、狭義の政策は施策の目的となり、施策は狭義の政策の手段となる。さらに、施策は事業の目的となり、事業は施策の手段となる。このように、政策全体が目的と手段とでピラミッド型に有機的に組みあわされた構造をもっている。

〈政策の階層〉

階　層	内　容	例
狭義の政策 （ポリシー）	政策課題を解決するための基本的な理念・方針や目標	「活力ある高齢社会の実現」 ⇒「社会参加の推進」
施　策 （プログラム）	目標達成の個別手段である事業を束ねたもの（事業群）で、個別事業を目標のもとに体系化したもの	「社会参加の推進」⇒「シルバー人材センターの活動支援」・「老人クラブへの助成」・「・・・」
事　業 （プロジェクト）	施策における個別手段で、個々の具体的なとり組み	「シルバー人材センターの活動支援」・「老人クラブへの助成」・「・・・」

(3) 政策サイクル

政策は、●政策形成（Plan）→●政策実施（Do）→●政策評価（See）→政策形成……の過程を循環し、展開される。この政策過程にどれだけ**市民参加**（参画）をはかられるかが自治体に問われている。

① 政策形成

重要な出発点となる**政策形成過程**では、さらに、◆問題把握→◆課題設定→◆政策案作成→◆政策決定の段階をたどる。

ア 問題の把握

現状分析や地域の人びとのニーズなどから問題を発見・把握する。問題の発見・把握には、日頃から「これでいいのか」「どこがおかしい」といったような問題意識をもっている必要がある。

イ 課題の設定

個人・家族では解決が困難で社会的な対応により解決すべき問題（公共課題）のなかから自治体が解決すべきものを選択し、確定する。これが、自治体の政策課題（政府課題）となる。ここで留意すべきは、公共課題のすべてが政府課題とはならないということである。市民の協同により解決できる公共課題（市民課題）が重視されなければならない。「公共」は政府の独占物ではないのである。

〈政策課題の領域〉

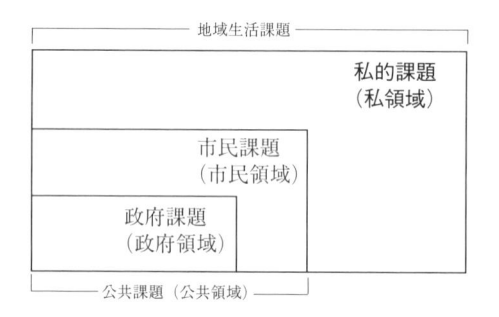

```
┌─────────────── 地域生活課題 ───────────────┐
│                                  ┌──────────┐│
│                                  │ 私的課題  ││
│                                  │（私領域） ││
│               ┌──────────┐       │          ││
│               │ 市民課題 │       │          ││
│               │（市民領域）│     │          ││
│   ┌────────┐ │          │       │          ││
│   │政府課題│ │          │       │          ││
│   │（政府領域）│        │       │          ││
│   └────────┘ └──────────┘       └──────────┘│
└──── 公共課題（公共領域）────┘
```

ウ 政策の立案

政策課題とした問題について、その発生原因を追求・分析し、課題を解決するための方策を企画・立案する。この企画・立案されたものが政策案であり、政策案は複数ある。

エ　政策の決定

　複数の政策案を評価（**事前評価**）することによって、最善策を選択し・決定する。政策は、条例制定など議会の議決事件であれば議会の可決によって、長の権限の範囲内のものであれば長の決裁によって最終決定する。

　② 政策実施

　決定された政策は予算の裏づけおよび担当組織の決定によって実施にうつされる。実施過程においても、評価をおこない（**中間評価**）、それにもとづいて政策内容および実施方法などについて必要な修正をおこなう。

　③ 政策評価

　実施された政策は、その結果が当初の目的どおりに達成されたかどうかを評価する（**事後評価**）。評価結果は、政策の存廃や修正など次の政策形成過程に反映される（フィードバック）。

3　福祉政策

(1)　社会保障と社会福祉

　日本国憲法25条1項は、「すべて国民は、健康で文化的な最低限度の生活を営む権利を有する。」として国民の生存権を保障するとともに、同条2項において「国は、すべての生活部面について、社会福祉、社会保障及び公衆衛生の向上及び増進に努めなければならない。」と規定している。ここでいう「国」とは、中央政府だけでなく、自治体をもふくめた全体としての国をさしている。

　この2項の意味については、戦後日本の社会保障制度の枠組みを決定づけ

た社会保障制度審議会から1950（昭和25）年に出された「**社会保障制度に関する勧告**」のなかで考え方がしめされた。それによれば、**社会保障制度**は、社会保険、国家（公的）扶助、社会福祉および公衆衛生の4つからなるものとされている。その後、社会保障制度は、拡大・発展をつづけてきたが、社会経済状況のおおきな変化を背景に、構造的な改革がすすめてきている。1995（平成7）年に社会保障制度審議会は「**社会保障体制の再構築（勧告）**」をだし、**社会保障の理念**について「広く国民に健やかで安心できる生活を保障すること」としている。

「社会福祉」とは、社会保障制度の一環として、高齢や障害などにより、個人で解決できない問題をかかえた者が安心できる生活をいとなめるよう必要な財・サービスを供給することを中心としたとり組みであるとしておきたい。

(2) 福祉政策

福祉とは、ひとり一人の市民が、「よい暮らし」（ウェルフェア・welfare）さらには、より主体的・自立的な「**よい生き方**」(ウェルビーイング・well-being)をすることである。そこで、福祉政策とは、何らかの事情によって生活に困難をかかえている人びとが「よい暮らし」さらには「よい生き方」を実現するための社会的方策であるとしておく。

市民は、日本国憲法に規定する「幸福追求権」（13条）や「生存権」（25条1項）にもとづき、**福祉を請求する権利**を基本的人権としてもっており、国や自治体は、「社会福祉、社会保障及び公衆衛生の向上及び増進に努める」責

※　社会保障制度審議会

社会保障制度審議会は、1949（昭和24）年に社会保障制度のあり方を調査審議する内閣総理大臣の諮問機関として発足し、重要な勧告、建議等をおこなってきたが、中央省庁等再編にともない2001（平成13）年1月6日をもって廃止された。同審議会の機能は経済財政諮問会議および社会保障審議会にひきつがれている。新たに発足した社会保障審議会は人口問題審議会、中央社会福祉審議会等8審議会を統合して、厚生労働省に設置された諮問機関で、社会保障および人口問題かんする重要事項を調査審議し、意見をのべる任務をもっている。

務を政府（自治体・国）政策によって果していかなければならない。重要な政策は、税や保険料などを財源とした制度づくりによって、具体化する。

　自治体がとり組む福祉政策の領域には、高齢者福祉（介護保険をふくむ）、子ども家庭福祉、障害者福祉（身体・知的・精神）および生活困窮者福祉（生活保護）などがある。また、これと密接に関連するものとして市民の健康づくり、高齢者保健、母子保健および国民健康保険などがある。これら福祉や健康の領域の政策は、とくに、基礎自治体である市町村のはたすべき役割がおおきい。それは、市町村が地域で生活している人びとのもっとも身近な政府であり、地域の人びとの生活問題を直接かつ全体的にとらえることができ、ニーズにもとづき地域の特性をいかした政策をすみやかに実施できるからである。これが、福祉政策の分野で、地方分権が先行してきた理由でもある。

　このようにして、21世紀の福祉政策は、きびしい財務環境のなかで市町村を中心に展開されている。

4　自治体計画

　自治体計画は、自治体の課題とその解決策としての政策を総合化・体系化したものであり、主要な自治体政策をもり込んでいる。自治体計画は、総合計画、中間課題計画および個別計画に分類できる。また、自治体計画には、法律により策定を義務づけられているものや任意の判断で策定するもののほか、自治体が独自に策定するものがある。

　なお、計画の内容は、高度成長期型の「あれも、これも」もり込める時代はおわっており、財源縮小期型の「あれか、これか」を選択したものでなければならない。

　また、自治体計画の策定・見直しにあたっては、関係者だけでなく一般市民をふくめた**市民参加**がはかられるべきであるし、その推進にあたっても市

民の参画と監視を欠かすことができない。あわせて、計画の内容や実施状況の公開・公表もおこなわれなければならない。

(1) 自治体総合計画

　自治体総合計画は、一般的に、基本構想、基本計画および実施計画の三層構造とされているが、これは絶対的なものではない。総合計画の構成を、例えば10年間の基本構想を前期と後期の5年に分けて、前期を基本計画の実施計画、後期を基本計画の展望計画とし、長の任期にあわせて4年ごとに見直しをする自治体もあり、むしろこのような手法が望ましいものといえよう。
　なお、基本構想と基本計画を合わせて、通常、「**長期総合計画**」とよんでいる。この長期総合計画では、福祉政策が重要な部分をしめている。

① 基本構想
　市町村は、議会の議決をへて「基本構想」をさだめ、これにそくして地域における総合的かつ計画的な政策を推進しなければならない（地方自治法2条4項）。この基本構想には、自治体の将来像、その実現のための基本的な理念・方針・目標および施策の大綱などがさだめており、自治体計画の根幹となるものである。したがって、老人保健福祉計画をはじめ各種の法定計画には、この「基本構想に即して」策定すべき旨が規定されていることがおおい。おおむね10年間を計画期間としている。

② 基本計画
　基本計画は、基本構想にさだめる基本目標および施策の大綱などにそって、政策（行政）分野ごとのより具体的な目標と個別事業を総合化・体系化したものである。したがって、基本計画は基本構想と一体的なものとして策定されるが、実際上は個別施策をもりこむ基本計画（案）が先行し、その集約として基本構想が策定されるべきものである。

③ 実施計画

実施計画は、基本計画にさだめられた個別事業に予算の裏づけをもたせるとともに、事業年度を割りふっている。

(2) 中間課題計画

社会経済の発展を背景とした行政の複雑・多様化と高度・専門化にともない、都市、福祉、環境などの政策分野については、企画部門主導の総合計画の策定だけでは対応が困難になった。そこで、事業主管部門を中心とした中間課題計画および個別計画の策定がひろくおこなわれるようになり、それが福祉の分野では顕著である。

この中間課題計画は、自治体でおおきな比重をしめ、しかも多分野にかかわりもつ政策分野の事業を総合化・体系化したものであるが、長期総合計画と整合性がはからなければならない。

　　　　例⇒保健福祉総合計画、環境基本計画、まちづくり計画など

(3) 個別計画

個別計画は、長期総合計画や中間課題計画にもとづいて、個別施策や個別事業についてさだめられる。もっとも、個別計画といっても、ひろく関連する個別施策や事業ももり込まれている。

　　例⇒老人保健福祉計画、次世代育成行動計画、障害者計画など

〈自治体計画の体系〉

```
                 ┌ 基本計画 ──── 実施計画 ┐
      基本構想 ──┼──────────── 個別計画 ─┼─ 予算 ── 実施
                 └ 中間課題計画 ──────────┘
```

(4) 自治体福祉計画

　福祉政策分野の計画は、基本構想にそくし、中間課題計画ないし個別計画として策定される。法定計画がおおいが、策定を義務づけられているものと策定を任意としているものとがある。また、国からの要請によるものもあるが、自治体独自の計画づくりはすくない。自治体福祉計画は、対象者別・事業別に策定されているが、長期総合計画（基本構想および基本計画）を基本しながら、相互に連携・調和のとれたものとしていく必要がある。

①　地域福祉計画
　2003（平成15）年度にはいって、おおくの自治体において社会福祉法にもとづく地域福祉計画が策定されている。
　地域福祉計画は、基本構想にそくし、地域における福祉サービスの適切な利用の促進、地域における福祉を目的とする事業の健全な発展および地域福祉活動への市民参加の促進にかんする事項を一体的にさだめるものとされている。そして、計画の策定・変更にあたっては、あらかじめ、地域の人びと、福祉事業の経営者その他福祉活動をおこなう者の意見を反映させるための手続きとり、その内容を公表するものとされている。
　自治体は、法的には地域福祉計画の策定を義務づけられていないが、ひろく市民の参加をえながら計画を策定・推進し、また既存計画の見直しもおこなっていくべきである。
　地域福祉計画は、既存の対象者別・所管部課別のタテ割計画を横にむすびつける横断的な計画として、福祉保健分野における総合計画として位置づけることもできよう。

②　老人保健福祉計画
　高齢化については、早い時期から基本構想にもとりあげられたが、1990年

代にはいると、高齢化問題の深刻さと対策の緊急性が一般に認識されるようになった。

そこで、1990（平成2）年の老人福祉法および老人保健法の改正によって市町村は基本構想にそくして老人福祉事業および老人保健事業の目標量やその確保策などをもり込んだ老人保健福祉計画を策定するものとされ、これにもとづき基盤整備がすすめられてきている。自治体の独自課題と関連分野をできるかぎりとり込むことが必要である。

なお、この計画は、法律上、福祉分野にはじめて本格的な計画行政を導入したものであるが、都道府県の意見聴取や都道府県知事への提出が義務づけられているものの、市民参加や市民への公表にかんする規定はない。しかし、市町村は、ひろい市民参加のもとに計画を策定してきている。

③ 介護保険事業計画

介護保険の保険者である市町村は、介護保険事業が計画的・系統的で円滑に実施できるよう、3年を1期とする「介護保険事業計画」を策定している（介護保険法117条）。

この計画は、介護保険事業運営の基本となるもので、各年度における保険対象サービスの種類ごとの量の見込み、その見込み量の確保方策、事業者間連携にかんする事項などをもり込んでいる。この計画づくりには、「被保険者の意見を反映させるために必要な措置を講ずる」との市民参加が法定されているが、保険料という負担をともなっていることもあり、市民参加のあり方が事業運営にも影響する。また、老人保健福祉計画と一体のものとして、また地域福祉計画その他の法定計画で高齢者介護にかんする事項をさだめるものと調和の保たれたものでなければならないとされている。関連計画との一体化と調和がはかられ、相互の連動・補完によって高齢者福祉政策の総合的な展開がもとめられる。なお、公表規定はないが、当然、市民に公表されるべきものである。

④　児童育成計画

　1994（平成6）年の国におけるエンゼルプランの策定にあわせて、自治体のとり組みとして、保育所の整備など子育て支援を中心とした児童育成計画（地方版エンゼルプラン）の策定がもとめられた。自治体の任意計画であり、子どもの意見も反映した計画づくりをした自治体もあるが、財源問題や法定計画でなかったことなどから全国的にも十分なとり組みがされてこなかった。
　一方で、少子化は急激にすすんでおり、その対策は自治体、国、企業などが総力をあげてとり組むべき最優先課題となっている。

⑤　次世代育成支援行動計画

　2005（平成17）年4月1日から施行の次世代育成支援対策推進法にもとづき、自治体は、主務大臣がさだめる指針にそくして、5年を1期とした次世代育成支援の「行動計画」を策定するものとされた。この行動計画には、地域における子育て支援、親子の健康の確保、教育環境の整備、子育て家庭に適した居住環境の確保、仕事と家庭の両立などについて、目標、目標達成のために講ずる措置の内容などがさだめられる。
　この計画について、作成・変更するときはあらかじめ市民の意見を反映させるための措置（市民参加）を構ずること、作成・変更したときは遅滞なく公表し、さらにその実施状況についても公表すべきものとされている。

⑥　保育計画

　2003（平成15）の改正児童福祉法にもとづいて、2005（平成17）年4月1日から、保育の実施への需要が増大している市町村は、保育の実施の事業および子育て支援事業その他児童の保育にかんする事業で市町村が必要と認めるものの供給体制の確保にかんする計画（「市町村保育計画」）をさだめるものとされている。この計画についても、上述の行動計画と同様の市民参加および公表をおこなうべきものとされている。

⑦　障害者計画

　障害者基本法は、国にたいして「障害者基本計画」の策定を、都道府県には国の基本計画を基本とし、地域の障害者の状況などをふまえた障害者計画の策定をそれぞれ義務づけている。市町村にあっては、障害者福祉計画の策定を努力義務としているが、2004（平成16）年の障害者基本法の一部改正により義務づけられ、2007（平成19）年4月1日から施行される。

　市町村障害者計画は、国の障害者基本計画および都道府県障害者計画を基本とするとともに、市町村の基本構想にそくし、かつ、障害者の状況などをふまえたものとされている。国の新障害者基本計画の理念である「リハビリテーション」「ノーマライゼーション」および「共生社会」の実現を目ざし、「社会のバリアーフリー化」「利用者本位の支援」「障害の特性をふまえた施策の展開」および「総合的かつ効果的な施策の推進」という4つの横断的視点が重視されるべきであろう。

　なお、障害者基本計画の策定にあたっては、障害者その他の関係者の意見を聴き、議会に報告し、その要旨を公表しなければならないものとされている。

⑧　障害福祉計画

　市町村は、2006（平成18）年4月1日から施行の障害者自立支援法にもとづき、厚生労働大臣のさだめる基本指針にそくして、5年を1期として、障害福祉サービス、相談支援および地域生活支援事業の提供体制の確保にかんする計画（市町村障害福祉計画）をさだめるものとされている。この計画には、各年度における障害福祉サービスや相談支援の種類ごとの必要量の見込み、その必要な見込量の確保策、地域生活支援事業などにかんする事項がさだめられる。

　この計画は、上述の障害者計画や地域福祉計画などと調和のたもたれたものであること、また策定・変更には市民参加をはかるべきこととされている。ほぼ、介護保険事業計画に準ずるものとなっている。

⑨　健康増進計画

　市町村は、健康増進法にもとづき、厚生労働大臣のさだめる基本指針および都道府県健康増進計画を勘案して、当該市町村の人びとの健康増進の推進にかんする施策についての計画（市町村健康増進計画）をさだめるよう努めるものとされている。この計画を策定・変更したときは、遅滞なく、これを公表するものとされているが、策定・改定に市民参加がはかれないと、実効性ある計画にはならないであろう。

⑩　母子保健事業計画

　1997（平成9）年の地域保健体制の全面実施にともない、都道府県保健所でおこなわれていた母子保健事業が市町村に移管され、市町村は妊婦の健康診査・保健指導、栄養指導、新生児訪問診査、育児相談などの事業をおこなうことになった。そこで、市町村は、これらの事業が効果的・計画的におこなわれるよう、おおむね5年を期間として、具体的な目標をいれた母子保健

〈自治体計画の体系〉

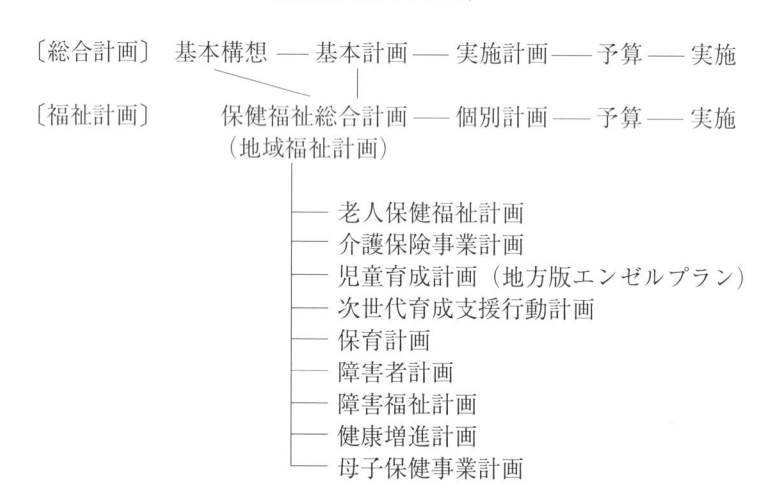

```
〔総合計画〕　基本構想 ── 基本計画 ── 実施計画 ── 予算 ── 実施
                     │
〔福祉計画〕　　保健福祉総合計画 ── 個別計画 ── 予算 ── 実施
              （地域福祉計画）
                     ├── 老人保健福祉計画
                     ├── 介護保険事業計画
                     ├── 児童育成計画（地方版エンゼルプラン）
                     ├── 次世代育成支援行動計画
                     ├── 保育計画
                     ├── 障害者計画
                     ├── 障害福祉計画
                     ├── 健康増進計画
                     └── 母子保健事業計画
```

計画を策定してきた。次世代育成支援対策法の施行にともない、同法にもとづく次世代育成支援行動計画に母子保健事業がもり込まれることになった。

5　自治体政策の主体

(1)　市　民

　市民は、主権者として自治体を形づくっている。市民は、自治体の議会議員および長（市区町村長および都道府県知事）を直接に選挙し、この代表機関をつうじて、自治体の政治・行政をおこなっている（代表民主制・間接民主制）。そればかりでなく、市民は、議会や長が代表機関として政策機能を果たさないと認めたときは、議会の解散、議員・長の解職を直接請求できるし、みずからの政策発案として条例の制定改廃の直接請求もできる。また、自治体は、議会と長それぞれが市民を直接に代表するという二元代表制のもとにおいて、議会と長がそれぞれ権限をもつ政策過程に市民の意思を反映させるために、**市民参加**を積極的に推進することができる。市民参加は、政策形成過程にとどまらず、政策実施および政策評価までひろげられ、政策の全過程におよびつつある。

(2)　自治体議会

　自治体議会は、市民の代表機関として自治体の意思決定をする機関である。そのために、自治体議会は、政策実現手段である条例、その財源の裏づけとなる予算、政策の基本をさだめる基本構想など重要政策にかんする案件を審議・議決する権限や自治体の事務の執行状況を監視・統制する権限をもっている。また、助役、収入役、教育委員など政策決定にかかわる重要人事につ

いての同意権ももっている。

　自治権の中核をなす条例制定権については、議員提案による立法機能の強化がもとめられている。

(3) 自治体の長

　自治体の長は、当該自治体を統括・代表する地位にあり、当該自治体の事務を管理・執行する権限をもっている。また、長がみずから立案・調整した条例案や予算の議会提案、議決された条例・予算の実施・執行、税財源の確保、福祉・教育などの課題解決にあたる。

　長の政策立案機能と政策執行における責任はおもい。

(4) 自治体職員

　自治体職員は、長などの補助機関として、その指揮監督のもとに、担当の事務事業の実施にあたる。自治体職員は、継続的・専門的に自治体の事務にたずさわっており、自治体政策の企画・立案および実施において重要な役割をになっている。自治体職員の政策能力が問われている。

(5) 民間事業者

　自治体の区域内においては、公共的な団体や民間の非営利・営利の多様な団体が多様な事業を展開している。非営利団体のＮＰＯ法人や任意団体は、地域の公共的課題にとり組んでいる。営利を目的とする事業者も、市場を通じて、あるいは自治体の業務委託をうけるなどして公共的な事業にたずさわっている。とくに、福祉分野において民間事業者のはたしている役割はおおきい。自治体は、地域における総合的な政策をすすめるにあたって、これらの団体・事業者と連携を強めていかなければならない。

6　自治体の政策責任

　自治体は、政策の展開にあって、主権者・納税者としての市民にたいして政策責任をおっている。

①　政治責任
　有権者である市民は、選挙における投票によって、みずからが選んだ代表者の政策責任を問うことができる。また、重大な政策責任の違背については、解職や解散という直接請求によってもその責任を問うこともできる。さらに、代表者みずからが、辞職することによって責任をとることもある。

②　行政責任
　自治体の執行機関やその補助機関は、政策の実施状況や結果について、納税者としての市民に説明する責任をおっている（アカウンタビリティ）。財政状況、職員給与、入札契約などにかんする情報の公表制度は説明責任の手段であり、政策評価もその手段となる。行政の公正性・透明性をはかるためにも、政策関連情報をひろく、わかり易い形にして公表・公開することがもとめられている。また、市民の苦情・不満への適切な対応も行政責任の一環である。

③　法的責任
　市民は、行政不服申立てや監査請求などの手段によって自治体の政策責任を問うことができる。また、住民訴訟などの行政訴訟や国家賠償請求訴訟などの訴訟手段よって、自治体の最終的な政策責任を問うこともできる。
　自治体職員は、市民の信託に反するような信用失墜行為をおこなえば懲戒責任をまぬがれない。

(第3章　資料)

1　大都市（政令指定都市）・中核市・特例市

(1)　大都市（政令指定都市）：15市（2006（平成18）年4月1日現在）
札幌市、仙台市、さいたま市、千葉市、横浜市、川崎市、静岡市、名古屋市
京都市、大阪市、堺市、神戸市、広島市、北九州市、福岡市
(2)　中核市：37市（2005（平成17）年10月1日現在）
(3)　特例市：39市（2005（平成17）年10月1日現在）

2　自治体福祉計画の根拠法（抜粋）

○　基本構想
「市町村は、その事務を処理するに当たつては、議会の議決を経てその地域における総合的かつ計画的な行政の運営を図るための基本構想を定め、これに即して行うようにしなければならない。」（地方自治法2条第4項）
○　地域福祉計画
「市町村は、地方自治法第2条第4項の基本構想に即し、地域福祉の推進に関する事項として次に掲げる事項を一体的に定める計画（以下「市町村地域福祉計画」という。）を策定し、又は変更しようとするときは、あらかじめ、住民、社会福祉を目的とする事業を経営する者その他社会福祉に関する活動を行う者の意見を反映させるために必要な措置を講ずるとともに、その内容を公表するものとする。」（社会福祉法107条）
○　老人福祉計画
「市町村は、地方自治法（昭和22年法律第67号）第2条第4項の基本構想に即して、老人居宅生活支援事業及び老人福祉施設による事業（以下「老人福祉事業」という。）の供給体制の確保に関する計画（以下「市町村老人福祉計画」という。）を定めるものとする。」
（老人福祉法20条の8第1項）
○　老人保健計画
「市町村は、地方自治法（昭和22年法律第67号）第2条第4項の基本構想に即して、当該市町村における老人に対する医療等以外の保健事業の実施に関する計画（以下「市町村老人保健計画」という。）を定めるものとする。」（老人保健法46条の18第1項）
○　介護保険事業計画
「市町村は、基本指針に即して、3年を1期とする当該市町村が行う介護保険事業に係る保険給付の円滑な実施に関する計画（以下「市町村介護保険事業計画」）を定めるものとする。」（介護保険法117条1項）

○ 次世代育成支援行動計画

「市町村は、行動計画策定指針に即して、5年ごとに、当該市町村の事務及び事業に関し、5年を1期として、地域における子育ての支援、母性並びに乳児及び幼児の健康の確保及び増進、子どもの心身の健やかな成長に資する教育環境の整備、子どもを育成する家庭に適した良質な住宅及び良好な居住環境の確保、職業生活と家庭生活との両立の推進その他の次世代育成支援対策の実施に関する計画（以下「市町村行動計画」という。）を策定するものとする。」（次世代育成支援対策推進法8条1項）

○ 保育計画

「保育の実施への需要が増大している市町村（厚生労働省令で定める要件に該当するものに限る。以下この条において「特定市町村」という。）は、保育の実施の事業及び主務省令で定める子育て支援事業その他児童の保育に関する事業であって特定市町村が必要と認めるものの供給体制の確保に関する計画を定めるものとする。」（児童福祉法56条1項）

○ 障害者計画

「市町村は、障害者基本計画（都道府県障害者計画が策定されているときは、障害者基本計画及び都道府県障害者計画）を基本とするとともに、地方自治法（昭和22年法律第67号）第2条第4項の基本構想に即し、かつ、当該市町村における障害者の状況を状況等を踏まえ、当該市町村における障害者のための施策に関する基本的な計画（以下「市町村障害者計画」という。）を策定するよう努めなければならない。」（障害者基本法9条3項）

※2007（平成19）年4月1日から「策定するよう努めなければならない。」を「策定しなければならない。」とする改正規定が施行される。

○ 障害福祉計画

「市町村は、基本指針に即して、障害福祉サービス、相談支援及び地域生活支援事業の提供体制の確保に関する計画（以下「市町村障害福祉計画」という。を定めるものとする。」（障害者自立支援法88条1項）

○ 健康増進計画

「市町村は、基本方針及び都道府県健康増進計画を勘案して、当該市町村の住民の健康の増進の推進に関する施策についての計画（以下「市町村健康増進計画」という。）を定めるよう努めるものとする。」（健康増進法8条2項）

第4章　自治体福祉法務

1　政策法務

(1)　政策法務の必要性

　法は、自治体政策を実現するための重要な手段である。とくに、2000年分権改革でより明確に地方政府として自立した自治体は、自治立法権および自治解釈権を積極的に活用して、政策の展開をはかっていかなければならない。
　自治体政策の全国基準としての国法は、**時代おくれ・全国画一・省庁縦割り**という構造的欠陥をもつ（松下圭一法政大学名誉教授）。そこで、自治体は、地域における中核的な政策主体として、地域の特性と必要性にもとづく自治立法および国法の自治解釈によって政策を展開していくことが必要不可欠なものとなっている。
　このように法を自治体政策を実現する手段としてとらえ、法を積極的に駆使・活用することによって自治体政策の展開をはかっていくことが**政策法務**である。
　法には、国法（法令）および自治体法（条例・規則）があるが、国際法（条約）も関係してくる。

(2)　政策法務の内容

　政策法務は、自治立法、自治解釈・運用、争訟および国法改革の４つの内容をもっている。

　①　**自治立法法務**
　自治権の中心は、条例制定権を中心とした**自治立法権**である。自治体は、

日本国憲法94条にもとづいて条例制定権を有しており、法律に違反しないかぎり、自治体政策について**強制力**を**もつ法規範**としての条例を制定することができる。条例は、市民の直接選挙による多様な意見をもつ議員で構成される議会での審議・議決をへて制定される。また、条例は、長の提案によるものが圧倒的におおいが、そこには市民の直接選挙による長の政策意思が反映されている。したがって、二元代表制のもとでの条例は、もっとも民主的な基盤にたち、正当性をもつものである。また、条例は、法として**地域社会のルール**をさだめるとともに、必要におうじて罰則などをもうけることによって強制力をもつ。したがって、自治体は、地域の実情と必要におうじた政策の条例化を積極的に推しすすめていくべきである。なお、福祉関係をはじめとする相当数にのぼる要綱の見直しもおこない、政策の基本にかかわるものについては条例化していくべきであろう。

② 自治解釈・運用法務

　自治体は、自治行政権の一環として、また自治立法権の行使に際して、国法を自主的に解釈する**自治解釈権**を有している。すなわち、自治解釈には、自治体政策の直接の実施根拠となる国法の解釈・運用と自治立法にあたり国法との調整・整合をはかるための解釈とがある。いずれの場合にも、自治体政策の展開にあたって、既成の国法を地域の必要にもとづき地域の特性をいかせるように解釈し、運用することである。解釈・運用には、**国法の選択・複合**もふくみ、自治体は、地域の必要にもとづき、根拠法を選択し、複数の法律規定を複合化することによって政策の展開をはかることも必要になる。

　ところで、法律の条文は、抽象的な表現になっているから、その解釈・運用を必然的にともなう。この解釈・運用は、かつての機関委任事務体制のもとにあっては、国からの通達・通知、自治体からの照会にたいする国の回答（行政実例）に頼っていればよかった。

　しかし、機関委任事務の廃止にともなって、国が自治体に**通達**を発する根拠はなくなり、国は技術的な助言・指導と法定受託事務についての処理基準

の作成をおこなうことはできるものの、それは法的拘束力をもつものではない。したがって、自治体は、自主的な法解釈にも責任をおっている。法解釈にあたっては、法の一般原則（人権と平等）、地方自治の本旨、国との適切な役割分担や自治体計画などを**解釈基準**として、法文の言葉を通常に用いられている意味どおりに解釈する**文理解釈**を基本としながら拡大・縮小などの論理をつかった**論理解釈**や法の目的にもとづく**目的論的解釈**などの解釈方法を駆使していかなければならない。国のしめす各種の解釈基準は一つの参考として活用できるが、仮に、国などの法解釈との違いがあれば、それは最終的には司法の場で決着することになる。また、日本の法システムのもとでの最終的な法解釈は、裁判所において判断されることになるので、裁判所の**判決**は法解釈の重要な手がかりとなる。

③ 争訟法務

自治体政策を争点として、住民監査請求、行政不服申立てや住民訴訟などの行政事件訴訟のほか損害賠償請求訴訟などがおこなわれる。また、法解釈をめぐって国地方係争処理委員会で争われることもある。

自治体は、これらの争訟手続きをとおして、みずからの政策の正当性を主張・立証していかなければならない。したがって、争訟法務の領域の重要性がましてきており、争訟の場面でも自治体は主体的に対応することが必要である。とくに、**訴訟**において、一方の当事者となる自治体は、訴訟のプロである弁護士に任せきりにするのではなく、みずからの政策の正当性を主張するために自治体職員を積極的にかかわらせていかなければならない。

自治体職員は、地方自治法153条1項の規定にもとづき、長に代理して訴訟にあたることができるので（**指定代理人**）、この指定代理人制度を活用すべきである。自治体政策をめぐる訴訟も増加傾向にあり、自治体は政策責任者として訴訟の局面でも法令の解釈や条例などの政策基準の正当性を主体的に主張しなければならない。また、裁判の結果は厳粛にうけとめなければならないが、判決は不変のものではなく、変わりうるものである。

④ 国法改革法務

　国法の存否が地域の必要にもとづいた自治体政策の展開の妨げとなったり、それを困難にしていたり、あるいは不適切なことがある。自治体は、自治体政策の妨げとなっていたり、不適切な国法の改廃と必要な法の制定について、自治体現場から提起するとともに、地方六団体など可能なルートを通じて国への働きかけをする必要がある。

2　自治体法

　自治体は、日本国憲法94条の自治立法権にもとづいて法を制定することができ、その法形式が条例および規則である。両者をあわせて通常、自主法といっているが、自治体が制定する法であるから、**自治体法**とよぶことにしたい。自治体法は、強制力の裏づけをもって市民の生活を規律するルールである。すなわち、条例には、その違反者に一定の刑罰および過料を科する旨、長制定の規則には、その違反者に過料を科する旨の規定をもうけることができる。また、違反者の公表などの規定をもうけることもできる。

　なお、自治立法権は、自治行政権とともに自治権の内容をなしているが、**自治権の根拠**については、主権者である市民によって地方政府に信託されたものであると考えるべきであろう（**信託説**）。

※　**自治権の根拠**

　自治権の根拠をめぐっては、国の統治権の一部を付与されたもので、国の認める範囲内においてだけ行使できるとする考え方（伝来説）にたいして、自治体がもともと保有している固有の権利で、国もこれを侵すことができないとする考え方（固有権説）が対立し、さらに近年では憲法が制度的に保障したもので、法律によっても地方自治の本質的内容を侵すことができないとする考え方（制度的保障説）が多数になっている。しかし、これらのいずれの説によっても、自治権の実体的な内容を理解するこができない。

(1) 条 例

① 条例の体系化

　自治体は、これまで先駆例をのぞいて、全体的に政策の条例化には消極的であったといえる。その理由として、議会の面倒な審議・議決手続きを避けたいという執行機関側の思惑、「法令に違反しない限り」という法的な制約、議会における立法能力の未熟さなどをあげることができる。だが、いずれの理由も自治体内部の消極理由にもとづくもので、市民の立場からみれば自治体の怠慢だとの誇りをまぬがれないであろう。自治体政策の基準・準則は条例にさだめることが基本であること、法令については地域特性をふまえた自治解釈権があること、条例は議会における最重要な議決事件であることなどを再認識する必要があろう。福祉分野の条例をみても、公の施設である福祉施設の設置条例や介護保険条例など国法にもとづくものなどがほとんどである。独自の個別条例の制定とともに、「自治（体）基本条例」を視野にいれ、地域に根ざした質のたかい福祉政策に誘導するための理念・原則や施策の方向などをもり込んだ「**福祉総合条例**」の制定が望まれる。

　条例は、次にのべるような立体的な階層構造をなすものとして、体系化し、整備する必要があろう。

　ア　自治（体）基本条例

　自治（体）基本条例は、自治体運営の基本となる理念・原則・制度をさだめ、他の条例・規則の上位規範として**自治体の最高規範**に位置づけられ、自治体の憲法ともいうべきものである。基本条例の制定手続は一般の条例と異ならないが、市民の代表機関である議会が当該自治体法の最高規範としてさだめれば、それが尊重されなければならず、その意味で他の条例・規則などに優位することになる。国から自立した政府として自治（体）基本条例をもつことが望ましく、制定する自治体がふえている。

イ　政策分野別総合条例

政策分野別の総合条例として、福祉、都市、環境などのそれぞれの政策分野を包括する条例が制定されることがある。福祉分野の条例についてみると、高齢者、子ども、障害者など対象者別に、しかもそれがさらに細分化されているのが現状である。そこで、この総合条例は、複雑・多様化し重要課題をかかえる政策分野について、政策の総合化・体系化をはかるとともに、個別条例に指針や方向づけをあたえることになる。

ウ　個別条例

個別条例は、個別施策に対応した条例で、通常、この種の条例が制定される。

(2)　条例の制定手続

条例は、自治体の事務にかんし、議会に提案し、議会の審議・可決により成立し、長が公布して、効力をもち、施行することによって現実に適用される。なお、**公布**は、成立した条例を一般市民が知りうる状態におくことで、掲示場への掲示などによっておこなわれる。**施行**は、条例の規定の効力を現実に一般的に発生させることで、条例に特別のさだめをしなければ、公布の日から起算して10日を経過した日から施行される。施行期日については特別のさだめをもうけることがおおい。

〈条例の制定手続〉

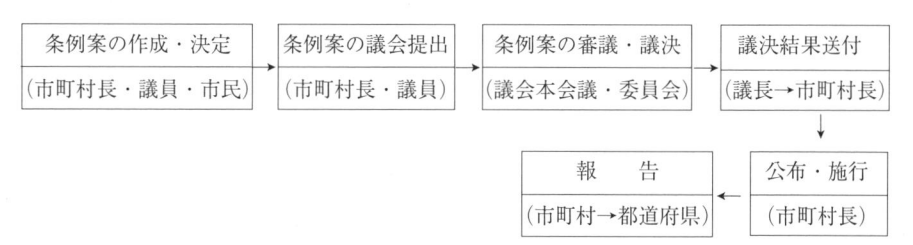

条例案の作成・決定	→	条例案の議会提出	→	条例案の審議・議決	→	議決結果送付
(市町村長・議員・市民)		(市町村長・議員)		(議会本会議・委員会)		(議長→市町村長)

報　告	←	公布・施行
(市町村→都道府県)		(市町村長)

(3) 規　則

① 規則の種類
ア　長制定規則
　自治体の長は、その権限にぞくする事務にかんし、規則を制定することができる。この長独自の規則制定権は、二元代表性にもとづき、長が議会と独立した地位と権限をもつことから認められている。また、長は執行機関として、委任規則（条例により委任された事項）および執行規則（条例の執行にかんする事項）を制定することができる。
イ　議会会議規則・議会傍聴人規則
　自治体の議会は、会議規則を制定して、議会の議事手続、請願、規律など会議の運営にかんする一般的な手続をさだめる。また、議会の議長は、傍聴人の発言・行動の制止や退場など傍聴人にかんし必要な規則をもうける。
ウ　行政委員会規則
　自治体の執行機関である委員会（行政委員会）は、法令または自治体の条例・規則に違反しないかぎりにおいて、その権限にぞくする事務にかんし、規則その他の規程をさだめることができる。

〈自治体法の体系〉

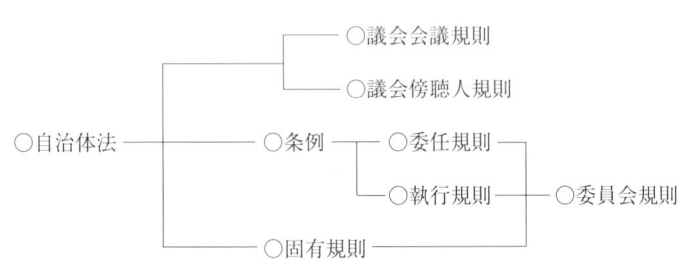

```
                        ┌─ ○議会会議規則
                        ├─ ○議会傍聴人規則
○自治体法 ─┬─ ○条例 ─┬─ ○委任規則
            │          └─ ○執行規則 ─── ○委員会規則
            └─ ○固有規則
```

② 規則の制定手続

規則は、長その他の執行機関や議会・議長が単独でさだめるが、公布・施行の手続きは条例に準じている。

3　国　法

(1)　国法の体系

国法（制定法）には、日本国憲法を「国の最高法規」とし、この憲法の規定を具体化するものとして国会の議決で制定される**法律**（形式的意味の法律）と行政府がさだめる政令および府令・省令がある。

政令は、合議体としての内閣が憲法・法律を実施するためまたは法律の委任をうけて制定する。**府令**は、内閣府の長としての内閣総理大臣が、**省令**は各省大臣が法律・政令を施行するためまたは法律の委任にもとづいて、それぞれの所管事項について制定する。この政令および府令・省令をあわせて**命令**といい、形式的意味の法律と命令をあわせて**法令**というが、これらの法形

〈国法の体系〉

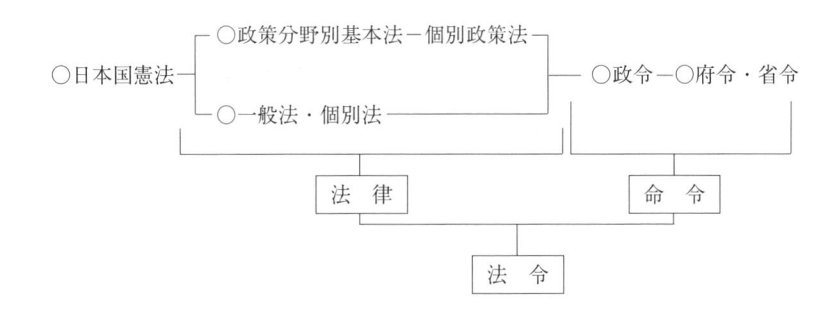

○日本国憲法 ─┬─ ○政策分野別基本法 ─ 個別政策法 ─┐　　　　　　　　　┌─ ○政令 ─ ○府令・省令
　　　　　　　└─ ○一般法・個別法 ─────────┤　　　　　　　　　│
　　　　　　　　　　　　　　　　　　　　　　　　　└→ 法　律　　命　令 ←┘
　　　　　　　　　　　　　　　　　　　　　　　　　　　　　　↓
　　　　　　　　　　　　　　　　　　　　　　　　　　　　　法　令

式の間には、憲法→法律→政令→府令・省令の順に優劣の関係がある。

なお、法律には、高齢社会対策基本法、障害者基本法などのような「**基本法**」がある。基本法は、国政上の重要分野における政策・制度の基本理念、方針、枠組みなどをさだめている。

自治体は、政策についてさだめる国法（**政策法**）にもとづいて、おおくの政策を実施している。

(2) 国法の制定手続

国会は、国の唯一の立法機関であり、法律案は両議院で可決したとき法律となる。

法律案は、両議院議員および内閣が国会に提出することができる。議員が発議するには、衆議院においては議員20以上（予算をともなう法律案では50人以上）、参議院においては議員10人以上（予算をともなう法律案では20人以上）の賛成を要する。内閣提出の法律案は、閣議の決定をへて、内閣総理大臣が内閣を代表して国会に提出する。

国会で可決・成立した法律は、公布によって効力をもち、施行によって実際に適用される。公布は、官報に掲載することによりおこなわれる。公布・施行の手続は、政令・府省令についても同様である。

〈**法律の制定手続（内閣提出法案）**〉
●法律原案の作成（所管省庁）→●法律案の審査（内閣法制局）→●法律案の閣議決定（内閣）→●法律案の国会提出（内閣総理大臣）→●審議・表決（国会）→●可決・成立（国会）→●公布（天皇）→●施行

(3) 福祉法

国は、自治体政策にかんしては、その全国基準や制度の枠組みをつくるこ

とを基本的な任務としているが、個別施策を義務づけることもおおい。それは、いずれも国会の審議をへて制定される法律にさだめられる。したがって、自治体は、直接・間接に法律にもとづいて政策を展開することがおおいが、全国民にかかわりをもつ福祉政策の分野において、それが顕著である。以下では自治体福祉政策にかかわりをもつ主要な法律について、その目的・理念および規定事項を中心にみておく。

① 共通法・基本法
ア 社会福祉法

社会福祉法は、1951（昭和26）年に公布・施行されたが、2000（平成12）年の大改正によって「社会事業法」から現在の名称にかわった。この法律は、社会福祉を目的とする事業の全分野における共通的基本事項をさだめて、福祉サービス利用者の利益の保護、地域における社会福祉（地域福祉）の推進、社会福祉事業の公明・適正な実施の確保および社会福祉を目的とする事業の健全な発達をはかることを目的としている。

社会福祉を目的とする事業の全分野における共通的基本事項として、社会福祉事業、福祉事務所、社会福祉法人、福祉サービスの適切な利用、地域福祉の推進、社会福祉協議会などについてさだめている。

イ 高齢社会対策基本法

高齢社会対策基本法は、1995（平成7）年に公布・施行されている。この法律の目的は、自治体・国の責務、高齢社会の基本的施策などについてさだめ、高齢社会対策を総合的に推進し、経済社会の健全な発展および国民生活の安定向上をはかることである。

高齢社会対策は、次の三つの社会が構築されることを基本理念としておこなわれるべきものとされている。

 a 国民が生涯にわたって就業その他の多様な社会的活動に参加する機会が確保される公正で活力ある社会

 b 国民が生涯にわたって社会を構成する重要な一員として尊重され、地

域社会が自立と連帯の精神に立脚して形成される社会
　c　国民が生涯にわたって健やかで充実した生活をいとなむことができる豊かな社会

　ウ　少子化社会対策基本法

　少子化社会対策基本法は、2003（平成15）年に公布・施行されている。この法律の目的は、少子化にたいし国・自治体の責務、施策の基本となる事項などについてさだめ、長期的な視点にたって的確に対処するための施策を総合的に推進し、国民が豊かで安心して暮らすことのできる社会の実現に寄与することである。

　少子化に対処するための施策の基本理念として次の4つがあげられている。
　a　保護者が子育ての第一義的責任を有するとの認識のもとに、家庭や子育てに夢をもち、かつ、次代の社会を担う子どもを安心して生み、育てることができる環境を整備することを旨として講ぜられなければならないこと
　b　人口構造の変化、財政状況、経済成長、社会の高度化その他の状況に十分配慮し、長期的な展望にたって講ぜられなければならないこと
　c　子どもの安全な生活が確保されるとともに、子どもがひとしく心身ともに健やかに育つことができるよう配慮しなければならないこと
　d　社会、経済、教育、文化その他あらゆる分野における施策は、少子化の状況に配慮して講ぜられなければならないこと

　エ　障害者基本法

　障害者基本法は、1970（昭和45）年に公布・施行されている。この法律の目的は、自治体・国の責務、障害者施策の基本となる事項などについてさだめ、障害者の自立と社会参加の支援などのための施策を総合的かつ計画的に推進し、障害者の福祉を増進することである。

　障害者施策の基本的理念として、次の3つがあげられている。
　a　すべて障害者は、個人の尊厳が重んぜられ、その尊厳にふさわしい処遇を保障される権利を有すること

 b すべて障害者は、社会を構成する一員として社会、経済、文化その他あらゆる活動に参加する機会をあたえられること
 c 何人も、障害者にたいして、障害を理由として、差別することその他の権利利益を侵害する行為をしてはならないこと

② 個別福祉政策法

　生活保護法、児童福祉法および身体障害者福祉法の福祉三法は、第二次世界大戦による生活困窮者、戦争孤児、戦傷病者などの援護を直接の目的としたが、これらの法自体の改正がおこなわれるとともに、知的障害者福祉法、母子及び寡婦福祉法および老人福祉法の三法がくわわって福祉六法の時代へと社会福祉の範囲の拡大と内容の充実がはかられてきた。
　しかし、これだけでは、複雑・多様化する社会経済状況に対応できず、新たな法律が制定され、新しい制度の創設がおこなわれている。

ア　生活保護法

　(旧) 生活保護法は、第二次世界大戦直後の1946 (昭和21) 年に制定されたが、1950 (昭和25) 年に日本国憲法25条の生存権の保障規定をうけて、(新) 生活保護法が公布・施行されている。生活保護法の目的は、日本国憲法25条に規定する理念にもとづき、国が生活に困窮するすべての国民にたいし、その困窮の程度におうじ、必要な保護をおこない、その最低限の生活を保障することと、その自立を助長することである。
　生活保護法は、保護の原則、保護の種類・範囲、保護の機関・実施、保護の方法などについてさだめている

イ　児童福祉法

　児童福祉法は、1947 (昭和22) 年に公布、翌年から施行されたが、その後、おおきな改正もおこなわれている。次代の担い手である子どもの健全な育成と福祉の積極的な増進をはかることを目的とした、子どもの福祉にかんする基本的・総合的な法律である。
　児童福祉の理念としては、次の２つがあげられている。

a　すべて国民は、児童が心身ともに健やかに生まれ、かつ、育成されるよう努めなければならないこと
　b　すべての児童は、ひとしくその生活を保障され、愛護されなければならないこと

児童福祉法は、国・自治体の責任、児童相談所、児童福祉司、児童委員、保育士、子育て支援事業、児童福祉施設などについてさだめている。

　ウ　身体障害者福祉法

身体障害者福祉法は、1949（昭和24）年に公布、翌年から施行されている。この法律の目的は身体障害者の自立と社会経済活動への参加を促進するため、身体障害者を援助し、必要におうじて保護することによって、身体障害者の福祉の増進をはかることである。

身体障害者福祉の理念として、次の2つがあげられている。

　a　すべて身体障害者は、みずからすすんでその障害を克服し、その有する能力を活用することにより、社会経済活動に参加することができるよう努めなければならばないこと（自立への努力）。
　b　すべて身体障害者は、社会を構成する一員として社会、経済、文化その他あらゆる分野の活動に参加する機会をあたえられるものとすること（参加機会の確保）。

身体障害者福祉法は、自治体・国の責務、障害福祉サービス、障害者支援施設、社会参加の促進などについてさだめている。

　エ　知的障害者福祉法

知的障害者福祉法は、1960（昭和35）年に精神薄弱者福祉法として公布・施行されたが、「精神薄弱者」という呼び方が差別的な響きをもつことから、1999（平成9）年から「知的障害者」に改められている。この法律の目的は、知的障害者の自立と社会経済活動への参加を促進するため、知的障害者の援助と必要な保護をおこなうことによって、知的障害者の福祉の増進をはかることである。

知的障害者福祉の理念として、次の2つがあげられている。

a　すべての知的障害者は、その有する能力を活用することにより、すすんで社会経済活動に参加するように努めなければならないこと（自立への努力）。
　　b　すべての知的障害者は、社会を構成する一員として社会、経済、文化その他あらゆる分野の活動に参加する機会をあたえられるものとすること（参加機会の確保）。
　知的障害者福祉法は、自治体・国の責務、障害福祉サービス、障害者支援施設などについてさだめている。
　　オ　老人福祉法
　老人福祉法は、1963（昭和38）年に公布・施行されている。この法律の目的は、老人の福祉にかんする原理を明らかにし、老人の心身の健康の保持および生活の安定のために必要な措置を講じることによって、老人の福祉をはかることである。
　老人福祉の理念として、次の3つがあげられている。
　　a　老人は、多年にわたり社会の発展に寄与してきた者として、かつ、豊富な知識と経験を有する者として敬愛されるとともに、生きがいをもてる健全で安らかな生活を保障されること
　　b　老人は、老齢にともなって生ずる心身の変化を自覚し、つねに心身の健康を保持し、またはその知識と経験を活用して、社会的活動に参加するように努めること
　　c　老人は、その希望と能力におうじ、適当な仕事に従事する機会その他社会的活動に参加する機会をあたえられること
　老人福祉法は、自治体・国の責務、老人の日・週間、在宅福祉、老人福祉施設、老人福祉計画などについてさだめている。
　　カ　母子及び寡婦福祉法
　母子及び寡婦福祉法は、1964（昭和39）年に公布・施行されている。この法律の目的は、母子・父子家庭および寡婦の福祉にかんする原理を明らかにし、母子・父子家庭および寡婦の生活の安定と向上のために必要な措置を講

ずることによって、母子・父子家庭および寡婦の福祉をはかることである。

母子・寡婦福祉の理念として、次の2つがあげられている。

a　すべて母子・父子家庭には、児童がそのおかれている環境にかかわらず、心身ともに健やかに育成されるために必要な諸条件と、その母の健康で文化的な生活とが保障されること

b　寡婦には、母子家庭の母に準じて健康で文化的な生活が保障されること

母子及び寡婦福祉法は、自治体・国の責務、福祉資金の貸付、日常生活支援、母子福祉施設などについてさだめている。

キ　介護保険法

介護保険法は、1997（平成9）年に公布され、準備期間をおいて、2000（平成12）年4月1日から全面施行されている。この法律の目的は、介護保険制度をもうけて、加齢にともなう疾病などにより要介護状態になった者について、必要な保健医療サービスや福祉サービスにかかる給付をおこなうことである。

介護保険制度の理念として、予防重視、医療との連携、利用者主体、サービスの総合化などがあげられている。

介護保険法は、保険者（市町村）、被保険者（40歳以上の者）、保険給付の種類、保険給付対象サービス、事業者・施設などについてさだめている。

ク　次世代育成支援対策推進法

次世代育成支援対策推進法は、2003（平成15）年に公布され、2005（平成17）年4月1日から全面施行されている。

この法律を目的は、次世代育成支援対策を迅速かつ重点的に推進し、次代の社会を担う子どもが健やかに生まれ、かつ、育成される社会の形成に資することである。

次世代育成支援対策の基本理念は、父母その他の保護者が子育てについての第一義的責任を有するという基本的認識のもとに、家庭その他の場において、子育ての意義についての理解が深められ、かつ、子育てにともなう喜び

が実感されるように配慮しておこなわれることである。

次世代育成支援対策推進法は、次世代育成支援対策推進のための国の行動計画策定指針、自治体の行動計画および事業主の行動計画の策定についてさだめている。

　ケ　障害者自立支援法

障害者自立支援法は、2005（平成17）年に公布され、一部の規定をのぞいて、2006（平成18）年4月1日から施行されている。

この法律の目的は、障害者および障害児に必要な障害福祉サービスにかかる給付その他の支援をおこない、障害者および障害児の福祉の増進をはかるとともに、障害の有無にかかわらず、国民が相互に人格と個性を尊重し安心してくらすことのできる地域社会の実現に寄与することである。

その理念は、障害者基本法の理念にのっとり、障害者および障害児がその有する能力および適正におうじ、自立した日常生活または社会生活をいとなむことができるようにすることである。

障害者自立支援法は、自立支援給付の種類・支給決定・対象サービス、地域支援事業、事業・施設などについてさだめている。

③　保健法

市民ひとり一人が、健康で身体的・精神的に自立した生活をいとなんでいくためには、疾病の予防と病後のリハビリが重要である。福祉と保健・医療の連携が強調されるゆえんである。

　ア　地域保健法

地域保健法は、1994（平成6）年に従来の保健所法の大改正により題名もかわったものである。この法律の目的は、母子保健法その他の地域保健対策にかんする法律による対策が地域において総合的に推進されることを確保し、地域の人びとの健康の保持・増進に寄与することである。

地域の人びとの健康の保持・増進を目的とした施策が総合的に推進されるための基本理念として、次の2つがあげられている。

a　急速な高齢化の進展、保健医療をとりまく環境の変化などに即応し、地域における公衆衛生の向上・増進をはかること
　　b　地域の人びとの多様化・高度化する保健・衛生・生活環境などにかんする需要に的確に対応することができるように、地域の特性および社会福祉などの関連施策との有機的な連携に配慮しつつ総合的に推進されること

　地域保健法は、自治体・国の責務、地域保健対策の推進にかんする基本指針、保健所の設置その他地域保健対策の推進にかんし基本となる事項などについてさだめている。

　　イ　健康増進法

　健康増進法は、2002（平成14）年に公布、翌年5月1日から施行されている。この法律の目的は、急速な高齢化の進展および疾病構造の変化にともない、国民の健康増進の重要性がいちじるしく増大していることにかんがみ、国民の健康増進の総合的な推進にかんする基本的な事項をさだめ、また栄養改善その他の国民の健康増進をはかるための措置を講じ、国民保健の向上をはかることである。

　健康増進法は、自治体・国の責務、健康増進の推進、栄養改善などについてさだめている。なお、本法の制定・施行にともない、栄養改善法は廃止された。

　　ウ　老人保健法

　老人保健法は、1982（昭和57）年に公布、翌年から施行されている。この法律の目的は、国民の老後における健康の保持と適切な医療の確保をはかり、国民保健の向上および老人福祉の増進をはかることである。

　老人保健の基本的理念として、次の2つがあげられている。

　　a　国民は、自助と連帯の精神にもとづき、みずから加齢にともなって生ずる心身の変化を自覚して、つねに健康の保持増進につとめ、また老人医療に要する費用を公平に負担するものとすること
　　b　国民は、年齢、心身の状況などにおうじ、職域、地域および家庭にお

いて、老後における健康の保持をはかるための適切な保健サービスをうける機会をあたえられること

老人保健法は、自治体・国の責務、健康相談、健康教育、健康診査、機能訓練、医療などについてさだめている。

エ　母子保健法

母子保健法は、1960（昭和35）年に公布、翌年から施行されている。この法律の目的は、母性および乳幼児の健康の保持・増進をはかり、国民保健の向上に寄与することである。

母子保健の理念として、次の2つがあげられている。

a　母性は、すべての児童が健やかに生まれ、かつ、育てられる基盤であることにかんがみ、尊重・保護されなければならないこと

b　乳児・幼児は、心身ともに健全な人として成長していくために、その健康が保持・増進されなければならないこと

母子保健法は、母性・保護者の努力、自治体・国の責務、母性および乳幼児にたいする保健指導、健康診査、医療その他の措置などについてさだめている。

④　福祉人材法

福祉には、社会福祉士、介護福祉士、医師、保健師、理学療法士などのもつ高度の専門的な知識・技術を必要とすることがおおく、その人材を確保するために国の資格制度がある。国の資格制度にかんする法律には、社会福祉士及び介護福祉士法、医師法、保健師助産師看護師法などがある。

⑤　福祉補完法

福祉は、福祉法制だけで完結するものではなく、関連法と相まって、あるいは関連法の補完によって、その内容をゆたかなものにすることができる。

ア　特定非営利活動促進法

特定非営利活動促進法は、1998（平成10）年に公布・施行されている。こ

の法律の目的は、ボランティア活動をはじめとする市民がおこなう自由な社会貢献活動としての特定非営利活動の健全な発展を促進し、公益の増進に寄与することである。いわゆるＮＰＯ（non-profit organization）法である。

特定非営利活動とは、保健・医療・福祉の増進をはかる活動、子どもの健全育成をはかる活動など特定された17種類の活動で、不特定・多数の者の利益増進に寄与することを目的とするものである。同法にさだめる要件をそなえた市民団体は、都道府県知事（２つ以上の都道府県にまたがる活動をする場合には内閣）に申請して設立の認証をうけることにより法人格を取得でき、「特定非営利活動法人」（ＮＰＯ法人）となる。

法人格を取得することによって、任意団体と異なり、法律上の権利能力をもつことになり、財産の所有や契約も団体名義でおこなうことができる。また、法人格を取得することによって、社会的な認知度もたかまることになり、より活動しやすくなることが期待される。

イ　民法および任意後見契約に関する法律

1999（平成11）年に、成年後見制度を整備するために、民法の一部改正とともに、新たに「任意後見契約に関する法律」が公布され、2000（平成12）年４月１日から施行されている。

成年後見制度は、判断能力が不十分な成年者（認知症高齢者、知的障害者、精神障害者など）を保護する制度である。

◎　法定後見制度（民法）

○　補　助

家庭裁判所の審判で、精神上の障害により判断能力が不十分な者のうち、軽度の状態にある者を被補助人とし、被補助人のために補助人が選任され、補助人に特定の法律行為についての代理権または同意権・取消権の一部または双方があたえられる。

○　保　佐

家庭裁判所の審判で、精神上の障害により判断能力がいちじるしく不十分な者を被保佐人とし、被保佐人のために保佐人が選任され、保佐人に特定の

法律行為についての代理権があたえられる。

　○　後　見

　家庭裁判所の審判で、精神上の障害により判断能力をつねに欠いている状況にある者を成年被後見人とし、成年被後見人のために成年後見人が選任され、成年後見人に広範な代理権および取消権があたえられる。

　◎　**任意後見制度（任意後見契約に関する法律）**

　任意後見契約は、本人が契約の締結に必要な判断能力を有している間に、みずから選んだ任意後見人にたいし、精神上の障害により判断能力が不十分な状況になったときの自己の生活、療養看護および財産管理にかんする事務の全部または一部について代理権をあたえる委任契約で、家庭裁判所が任意後見監督人を選任したときから契約の効力が発生する旨の特約を付したものである。この契約にもとづいて、本人の判断能力が不十分な状況になったとき、後見監督人の選任がおこなわれ、そのときから委任契約の効力が発生し、任意後見人が代理権を行使することになる。

　ウ　消費者契約法

　消費者契約法は、2000（平成12）年に公布、翌年から施行されている。この法律の目的は、消費者と事業者との間に情報の質・量および交渉力の格差があることにかんがみ、消費者の利益の擁護をはかることである。そのため、事業者の一定の行為により消費者が誤認・困惑した場合について、契約の申込み・承諾の意思表示をとり消すことができる。また、事業者の損害賠償の責任を免除する条項その他の消費者の利益を不当に害する条項の全部または一部を無効としている。

　この法律は、福祉サービスの利用関係が措置から契約にかわったことによって、福祉サービスの利用契約にも適用される。

　エ　男女共同参画社会基本法

　男女共同参画社会基本法は、1999（平成11）年に公布・施行されている。この法律の目的は、男女の人権が尊重され、かつ、社会経済情勢の変化に対応できるゆたかで活力ある社会を実現することの緊急性にかんがみ、国・自

治体の責務、男女共同参画社会の形成の促進にかんする施策の基本事項などについてさだめ、男女共同参画社会の形成を総合的かつ計画的に推進することにある。

男女共同参画社会とは、男女が社会の対等な構成者として、みずからの意思によって社会のあらゆる分野における活動に参画する機会が確保され、男女が均等に政治的、経済的、社会的および文化的利益を享受することができ、かつ、共に責任を担うべき社会である。

男女共同参画社会の実現は、真に男女の人権が尊重され、高齢化・少子化への対応のうえでも、緊急かつ重要課題であり、21世紀の日本社会の行方を決定するといっても過言ではない。

〈第4章　資料〉

1　自治体福祉政策関係条例（例）

［Ａ市の場合］

◎　基本条例
　Ａ市自治基本条例
◎　総合条例
　Ａ市健康福祉総合条例
◎　通　則
　Ａ市福祉事務所設置に関する条例
　社会福祉法人に対する助成の手続に関する条例
◎　高齢者福祉関係条例
　社会福祉法人の設置する特別養護老人ホームに対する助成に関する条例
　Ａ市福祉会館条例
　Ａ市高齢者センター条例
　Ａ市立特別養護老人ホーム条例
　Ａ市老人保健施設条例
　Ａ市立在宅介護支援センター条例
　Ａ市敬老金条例
　Ａ市高齢者入院見舞金の支給に関する条例
　Ａ市福祉住宅条例
　Ａ市介護福祉条例
◎　子ども家庭福祉関係条例
　社会福祉法人の設置する保育所に対する助成に関する条例
　Ａ市青少年問題協議会条例
　Ａ市児童遊園条例
　Ａ市児童館条例
　Ａ市子どもひろば条例
　Ａ市立母子生活支援施設条例
　Ａ市立保育園設置条例
　Ａ市保育の実施に関する条例
　Ａ市学童保育所条例
　Ａ市子ども家庭支援センター条例
　Ａ市児童手当条例
◎　障害者福祉関係条例
　Ａ市心身障害者福祉手当条例
　Ａ市ハピネスセンター条例
◎　健康関係条例

A市ひとり親家庭の医療費の助成に関する条例
A市乳幼児の医療費の助成に関する条例
A市総合保健センター条例
A市国民健康保険条例

［B市の場合］

◎　通　則
社会福祉法人に対する助成の手続に関する条例
◎　高齢者福祉関係条例
B市高齢者福祉総合条例
B市福祉サービス利用料条例
B市軽費老人ホーム条例
B市立老人デイサービスセンター条例
B市立老人介護支援センター条例
B市立高齢者総合センター条例
B市北町高齢者センター条例
B市福祉型住宅管理条例
B市介護保険条例
B市介護認定審査会条例
◎　子ども家庭福祉関係条例
B市青少年問題協議会条例
B市立保育園条例
B市保育の実施に関する条例
B市児童虐待の防止及び子育て家庭への支援に関する条例
B市子育て支援0123条例
B市児童育成手当条例
B市学童クラブ条例
B市立児童館条例
◎　障害者福祉
B市障害者福祉手当条例
B市難病者福祉手当条例
B市障害者福祉センター条例
◎　健康関係
B市国民健康保険条例
B市乳幼児の医療費の助成に関する条例
B市ひとり親家庭の医療費の助成に関する条例
◎　その他
B市福祉資金貸付条例

2　福祉政策関係法

◎　基本法・共通法
① 日本国憲法（1946（昭21）年）
② 社会福祉法（1951（昭26）年）←社会福祉事業法
③ 民生委員法（1948（昭23）年）
④ 社会福祉・医療事業団法（1984（昭59）年）

◎　高齢者福祉関係法
① 高齢社会対策基本法（1995（平成7）年）
② 老人福祉法（1963（昭38）年）
③ 介護保険法（1997（平9）年）
④ 高年齢者の雇用の安定等に関する法律（1971（昭46）年）
⑤ 高齢者，身体障害者等が円滑に利用できる特定建築物の建築の促進に関する法律「ハートビル法」（1994（平6）年）
⑥ 高齢者，身体障害者等の公共交通機関を利用した移動の円滑化の促進に関する法律「交通バリア・フリー法」（2000（平12）年）
⑦ 民間事業者による老後の保健及び福祉のための総合的施設の整備の促進に関する法律（1989（平元）年）
⑧ 福祉用具の研究開発及び普及の促進に関する法律（1993（平5）年）
⑨ 高齢者の居住の安定確保に関する法律（2001（平13）年）
⑩ 高齢者虐待の防止、高齢者の養護者に対する支援等に関する法律「高齢者虐待防止法」（2005（平成15）年）

◎　子ども家庭福祉関係法
① 少子化社会対策基本法（2003（平15）年）
② 次世代育成支援対策推進法（2003（平15年）
③ 児童福祉法（1948（昭23）年）
④ 母子及び寡婦福祉法（1964（昭39）年）←母子福祉法
⑤ 児童手当法（1971（昭46）年）
⑥ 児童虐待の防止等に関する法律（2000（平12）年）

◎　障害者福祉関係法
① 障害者基本法（1970（昭45）年）
② 身体障害者福祉法（1949（昭24）年）
③ 知的障害者福祉法（1960（昭35）年）←精神薄弱者福祉法
④ 精神保健及び精神障害者福祉に関する法律（1950（昭25）年）←精神保健法←精神衛生法
⑤ 障害者の雇用の促進等に関する法律（1960（昭35）年）
⑥ 身体障害者の利便の増進に資する通信・放送身体障害者利用円滑化事業の推進に関する法律（1993（平5）年）
⑦ 身体障害者補助犬法（2002（平14）年）

⑧ 障害者自立支援法（2005（平17）年）
◎ 生活困窮者福祉関係法
① 生活保護法（1950（昭25）年）←旧生活保護法（1946年）
② ホームレスの自立の支援等に関する特別措置法（2002（平14）年）
◎ 健康関係法
① 地域保健法（1950（昭25）年）←保健所法
② 老人保健法（1982（昭57）年）
③ 母子保健法（1965（昭40）年）
④ 健康増進法（2002（平14）年）
⑤ 国民健康保険法（1958（昭33）年）
◎ 福祉人材関係法
① 医師法・歯科医師法（1948（昭23）年）・薬剤師法（1960（昭35）年）
② 保健師助産師看護師法（1948（昭23）年）
③ 理学療法士及び作業療法士法（1965（昭40）年）
④ 社会福祉及び介護福祉士法（1987（昭62）年）
⑤ 精神保健福祉士法（1997（平9）年）
⑥ 言語聴覚士法（1997（平9）年）
◎ 福祉補完法
① 特定非営利活動促進法（1998（平10）年）
② 任意後見契約に関する法律（１９９９（平11）年）
③ 消費者契約法（2000（平12）年）
④ 男女共同参画社会基本法（1999（平11）年）
⑤ 育児休業等に関する法律（1991（平3）年）
⑥ 雇用の分野における男女の均等な機会及び待遇の確保等女子労働者の福祉の増進に関する法律「男女雇用機会均等法」（1972（昭47年）
⑦ 医療法（1948（昭23）年）
⑧ 消費生活協同組合法（1948（昭23）年）
⑨ 配偶者からの暴力の防止及び被害者の保護に関する法律「ＤＶ法」（2001（平13）年）
◎ その他福祉関係法
① 国民年金法（1959（昭34）年）
② 厚生年金保険法（1954（昭29）年）
③ 健康保険法（1922（大11）年）
④ 国民健康保険法（1958（昭33）年）

第5章　自治体高齢者福祉政策

1　政策課題

　高齢者にかかわる福祉政策は、高齢者の寿命がみじかく、絶対数・割合もすくなかった時代から、高齢者の長寿化と絶対数・割合のおおきい時代に推移していることにともなって変化がみられる。
　高齢者にかかわる政策は、重複するところもあるが、次の三区分にわけて考えてみたい。
　①　個々の高齢者を対象とする高齢者施策
　②　高齢者という一群の階層を対象とした高齢層施策
　③　高齢化という社会構造の変化にたいする高齢社会対策

(1)　高齢者施策

　高齢者施策として、敬老祝い金、入浴券支給、理髪割引などの事業がおこなわれてきた。これらの事業は、人生50・60年時代における敬いの対象あるいは経済的・身体的に「弱い」高齢者像にもとづいたものもおおく、その時々の思いつきにちかい発想から実施されるようになったものもある。
　この分野の施策については、人生70・80年という長寿化、社会保障・福祉サービスの充実、高齢者の経済的・精神的自立などの状況変化をふまえて、自治体がとり組むべき課題であるかどうかの徹底的な見直しをおこない、廃止や転換をおこなう必要があろう。
　この領域での今日的な課題としては次のものがあげられる。

　①　社会参加の情報提供
　元気な高齢者でボランティアなどの社会参加活動を希望しているが、その

機会にめぐりあえていない人もおおい。ここでの自治体の基本的役割は、活動団体や活動内容などの社会参加活動にかんする情報をひろく収集し、広報紙やホームページなどいろいろな媒体をつかって情報を提供することである。

② 見守り活動

　ひとり暮らしや高齢者のみ世帯がふえているなかで、家に閉じこもりがちな人たちの孤立・孤独の問題がある。この問題への対応としては、福祉電話、友愛訪問などと連携して、民生委員や近隣の人たちを中心とした安否の確認、話し相手などの地域での見守りネットワーク活動が重要である。また、病気をもつ人の緊急時の対応のための緊急通報システムの整備も欠かせない。

　自治体は、市民の活動の自主性を尊重しながら、ネットワークづくりに側面から協力することが望まれよう。

③ 虐待防止

　高齢者が、自宅や福祉施設で虐待され、生命をおびやかされているケースも顕在化している。虐待は、人間としての尊厳をふみにじる行為である。地域社会で虐待をなくすとり組みをすすめていく必要がある。

(2) 高齢層施策

　長寿高齢社会において、高齢層にぞくする人々が健康で生きがいをもち、自立した日常生活をいとなめることが望ましい。そこで、高齢層の人たちにとって、健康で生きがいのもてる地域社会をつくることが重要課題となる。

① 健康づくり・介護予防

　健康づくり・介護予防は、本人の自己努力が基本となるが、自治体としては、中年からの健康教育、健康相談および健康診査を系統だてて、きめ細かに実施し、とくに生活習慣病の予防対策には積極的にとり組んでいく必要が

ある。脳血管障害などの後遺症から復帰するための地域リハビリテーションの構築も欠かすことができない。また、認知症の予防についても可能なとり組みがなされるべきである。また、困ったときはまず相談するところが必要であり、身近に利用できる総合相談窓口の整備・充実をはかっていかなければならない。

　高齢者の健康面では、健康寿命をのばすことが重要である。

　健康寿命とは、人の一生のうちで寝たきりなどにならず健康にすごせる長さをいうが、日本人の健康寿命は平均寿命とともに世界のトップレベルにある。しかし、平均寿命と健康寿命との間には何歳もの差があり、いかにして健康寿命をのばすかが課題である。

　②　社会参加の場づくり

　高齢者が生きがいを感じられる社会参加の場づくりがもとめられている。そのために、シルバー人材センターなどによる就労機会の提供、高齢者(老人)クラブなどによる地域活動の活発化、各種公開講座などによる学習機会の用意など地域に根ざした創意・工夫による多様なとり組みが必要である。

　シルバー人材センターは、一般雇用になじまないが、働く意欲をもっている健康な高齢者のために就労機会を確保・提供している。会員は、高齢者としての知識、経験をいかした希望にそった仕事をとおして社会参加して、みずからの健康の維持増進と生活感の充実をはかりながら地域社会にも貢献している。自治体としても、高齢者の能力をいかした活力ある地域社会づくりのために、活動拠点の整備や仕事の発注などシルバー人材センターへの支援策を充実していく必要がある。

　高齢者(老人)クラブは、高齢者が心身の健康の増進をはかり、高齢期の

※　平均寿命と健康寿命
　世界保健機構(WHO)の「2003年世界保健報告」によれば、日本人の平均寿命が男性78.4歳、女性85.3歳、健康寿命では、男性72.3歳、女性77.7歳となっている。いずれも世界一となっている。この数値からの平均寿命と健康寿命の差は、男性6.1歳、女性7.6歳となっている。

生活を健全でゆたかにすることを目的とした地域の自主的な組織である。活動内容は、スポーツ・レクレーション活動、趣味活動などみずからの健康増進のための活動ばかりでなく、地域の清掃、福祉施設の訪問など社会奉仕活動など幅ひろいものとなっている。高齢者（老人）クラブの最大の課題は、高齢者の価値観・意識や生き方の多様化も反映して、全体的には会員数がへっていることである。高齢者（老人）クラブのあり方が問われているが、自治体としては、高齢者の活動拠点の整備には努める必要があろう。

自治体がおこなっているお仕着せの敬老会事業などは見直すべきである。

(3) 高齢社会対策

① 都市基盤の整備

高齢社会対策としては、年金・医療などの社会保障制度の充実と住宅・交通機関など都市基盤の**バリア・フリー化**などにより、高齢者にとって安心・安全な生活をおくれる環境を整備することが必要である。この領域は全国民的な課題であり、ナショナルミニマムの確保の観点からも国の責任・役割がおおきく、企業にも応分の責任・役割がもとめられる。

自治体は、所管する道路、公園、建物などの公共施設ついて、高齢者や障害者の利用に支障のないバリア・フリー化あるいはだれもが公平に利用できる**ユニバーサルデザイン**に配慮した整備をすすめていかなければならない。

住宅の整備は、一般の市町村にとっては重荷であり、基本的には国ないし都道府県の分担領域であると考えるべきであろう。

② 介護対策

介護問題については、かつては数もすくなく、家庭内で解決してきたが、次第に社会問題化し、家事の外部化として自治体では所得制限などで対象者を限定して「家庭奉仕」などをおこなっていた。やがて資産や所得に関係なく介護を必要とする高齢者がふえ、誰でもがサービスをうけられるような施

策に変ってきた。制限的・選別的なサービスから一般的・普遍的サービスへの変化である。今や、介護問題は要介護者やその家族だけのものではなく、その担い手や費用負担をふくめた高齢社会対策として重要な政策課題となっている。

2　政策の基本視点

(1)　高齢者像の転換

　個人差はあるが、65歳以上でも大多数の人が元気で自立した生活をおくっており、社会の第一線で活躍している人もおおい。21世紀の超高齢社会を生

※　バリア・フリー（barrier-free）
　バリア・フリーとは、障壁・障害のない状態のことをいう。もとは建築用語だが、今ではハンディキャップをもった人の社会参加を困難にしているすべての障害・障壁の除去という意味でつかわれている。具体的には、階段や床の段差による歩行の困難さを解消するために、エレベーター・エスカレーター、スロープ、手すりなどの設置、低床バスの運行などのとり組みがおこなわれている。
　なお、1993（平成5）年の「障害者対策に関する新長期計画」では、段差のような**物理的障壁**、障害を理由とした資格・免許等を制限している**制度的な障壁**、音声案内・字幕放送・点字・手話通訳による表示が欠けているための**文化・情報の障壁**および心ない言葉などの**意識上の障壁**（心の壁）の4つの障壁を除去したバリア・フリー社会の実現を目標にかかげている。

※　ユニバーサルデザイン（universal design）
　ユニバーサルデザインとは、製品・建物・環境などについて、年齢・性別・国籍・能力などの違いにかかわらず、できるかぎり、すべての人に利用できるようにデザインすることをいう。
　ユニバーサルデザインは、障害者や高齢者のためだけではなく、健常者にもつかいやすく、手にいれやすいデザインのことである。ユニバーサルデザイン7原則→原則1：誰もが公平に利用できること、原則2：つかう上で自由度がたかいこと、原則3：つかい方が簡単ですぐわかること、原則4：必要な情報がすぐに理解できること、原則5：うっかりミスや危険につながらないデザインであること、原則6：無理な姿勢をとることなく少ない力でも楽に使用できること、原則7：アクセスしやすいスペースとおおきさを確保すること。

きがいのもてる活力ある社会として構築していくためには、高齢者像を経済的・身体的によわく、保護の対象者・サービスの一方的な受け手として画一的にとらえる考え方を転換していかなければならない。

社会の第一線をしりぞいた元気な高齢者も介護を必要とするようになった高齢者もともに、自己選択・自己決定にもとづいた多様な生き方をしている生活の主体者であり、社会を構成する重要な一員なのである。

(2) 高齢者の能力発揮

高齢者は、長年のあいだに培い、蓄積してきた豊富な経験・知識・技術をもっている。このもてる能力を新たな就労や地域活動にいかしていくことが望まれる。また、高齢者は、長年にわたって住みつづけてきた地域の歴史・風土・特徴などをよく知っている。地域に根をはりながら自治体の政策過程に参加することによって自治体政策をより豊かなものにすることができる。

さらに、高齢者が高齢者の意見を反映させるための政治活動に積極的なかかわりをもつことも必要である。

(3) 高齢者の尊厳の確保

加齢にともなう心身の変化は、個人の努力だけでは如何ともしがたい自然の摂理として、うけいれていかざるをえない。だが、疾病などにより、病床にふせ、あるいは介護を必要とするようになった高齢者も、その尊厳が確保され、もてる能力におうじた自立した日常生活をいとなめるよう、保健医療および福祉の増進がはかられなければならない。

3　老人福祉法にもとづく施策

　高齢者福祉にかんする基本法ともいえる老人福祉法にもとづき市町村が主体となる主な施策をみておく。
　自治体は、原則として、これらの法規定を選択し、組み合わせて、解釈・運用することによって政策を展開する。また、必要におうじて全国基準（ナショナル・ミニマム）を上まわる施策を実施することにもなるし、法律に規定がなくても、地域の人びとのニーズにもとづいた自治体独自の政策展開もおこなうことになる。法律にもとづいて実施する事業で自治体と国相互の利害に関係のあるものなどについては、その経費の全部または一部を国が負担することになっている。

(1)　実情把握と情報提供・相談等

市町村は、老人福祉法の施行にかんして次にあげる業務をおこなう。
a　高齢者の福祉にかんする実情の把握
b　高齢者の福祉にかんする情報の提供・相談・調査・指導およびこれらに付随する業務

(2)　老人の日・老人週間行事

　９月15日が「老人の日」、同日から21日までが「老人週間」とされている。
　国民の間にひろく高齢者の福祉についての関心と理解をふかめ、またみずからの生活の向上につとめる意欲を高齢者にうながすためにもうけられている。
　自治体・国は、老人週間において、高齢者の団体その他の者によってその

趣旨にふさわしい行事が実施されるよう奨励しなければならない。

(3) 支援体制の整備

市町村は、障害のある高齢者が自立した日常生活をいとなむために最も適切な支援が総合的にうけられるように、地域の実情におうじた体制の整備に努めなければならない。この場合、ひきつづき居宅において日常生活をいとなむことができるよう配慮しなければならない。

(4) 措置によるサービス

a 市町村は、65歳以上で、やむをえない事由により介護保険の利用がいちじるしく困難であると認められる者にたいして、次にあげるサービスについては措置により提供する。
- ○ 訪問介護・夜間対応型訪問介護・介護予防訪問介護
- ○ 通所介護・認知症対応型通所介護・介護予防通所介護・介護予防認知症対応型通所介護
- ○ 短期入所生活介護・介護予防短期入所生活介護
- ○ 小規模多機能型居宅介護・介護予防小規模多機能型居宅介護
- ○ 認知症対応型共同生活介護・介護予防認知症対応型共同生活介護
- ○ **地域密着型介護老人福祉施設入所・介護老人福祉施設入所**

b 養護老人ホーム入所
c 養護の委託

(5) 居宅生活支援事業

市町村は、次にあげる老人居宅生活支援事業をおこなうことができる。直営または委託によっておこなうが、いずれの事業も介護保険の対象となる

サービスである。
- ○ 老人居宅介護等事業…利用者の居宅において入浴、排せつ、食事などの介護その他の日常生活をいとなむのに必要な便宜を供与する事業
- ○ 老人デイサービス事業…利用者を特別養護老人ホームなどの施設に通わせ、入浴、食事の提供、機能訓練、介護方法の指導その他の便宜を供与する事業
- ○ 老人短期入所事業…利用者を特別養護老人ホームその他の施設に短期間入所させ、養護する事業
- ○ 小規模多機能型居宅介護事業…利用者の選択により、居宅、通所または宿泊によって介護その他の日常生活上の便宜や機能訓練を供与する事業
- ○ 認知症対応型老人共同生活援助事業…認知症高齢者に共同生活をいとなむべき住居において食事の提供など日常生活上の援助をおこなう事業

(6) 老人福祉施設の設置

　市町村は、次にあげる老人福祉施設を設置することができる。
　これらの施設のうち、特別養護老人ホーム、軽費老人ホームおよび養護老人ホームについては、第1種社会福祉事業として、自治体、国または社会福祉法人の経営が原則とされており（社会福祉法60条）、とくに社会福祉法人の役割・実績がおおきい。自治体設置の場合には、直営（公設公営）または民間（公設民営）によって管理・運営される。

- ○ 老人デイサービスセンター…身体上・精神上の障害のため日常生活をいとなむのに支障がある高齢者を通わせて、入浴、食事の提供、機能訓練、介護方法の指導などの便宜を供与する施設
- ○ 老人短期入所施設…居宅で介護をうけることが一時的に困難になった高齢者を短期間入所させ、養護する施設
- ○ 特別養護老人ホーム…身体上・精神上のいちじるしい障害のため常時の介護を必要とし、かつ居宅で介護をうけることが困難な高齢者を入所させ、養

護する施設
- ○ **老人介護支援センター**…高齢者介護にかんする情報の提供・相談・指導、主として居宅で介護をうける高齢者・その養護者と市町村・居宅生活支援事業者・老人福祉施設・医療施設・老人クラブその他高齢者の福祉を増進することを目的とする事業をおこなう者などとの連絡調整その他の援助を総合的におこなう施設
- ○ **軽費老人ホーム**…無料または低額な料金で、高齢者を入所させ、食事の提供その他日常生活上必要な便宜を供与する施設。ケアハウスはこの形態である。利用者と施設との契約によって入所する（契約施設）。
- ○ **老人福祉センター**…無料または低額な料金で、高齢者にかんする各種の相談におうじ、また高齢者にたいして健康の増進、教養の向上およびレクリエーションのための便宜を総合的に供与する施設
- ○ **養護老人ホーム**…環境上の理由および経済的理由により居宅で養護をうけることが困難な高齢者を入所させ、養護する施設

(7) 健康保持・福祉増進事業

自治体は、高齢者の心身にわたる健康保持に役だてるための教養講座、レクリエーションなどひろく高齢者が自主的・積極的に参加することのできる事業を実施するように努めなければならない。

また、自治体は、高齢者福祉を増進する事業の振興をはかるとともに、高齢者（老人）クラブなどにたいして適当な援助をするように努めなければならない。

※ 老人ホームの形態
　老人ホームには、養護老人ホーム、特別養護老人ホーム、軽費老人ホームおよび有料老人ホームの4つの形態がある。有料老人ホームは純然たる民間の施設であるが、有料老人ホームを設置しようとする者は、あらかじめ、都道府県知事に所定の事項を届出なければならない。

4 高齢者虐待の防止

(1) 高齢者虐待防止法の制定

　高齢者虐待は、高齢者の基本的人権を侵害・蹂躙するもので、高齢者の人間としての尊厳を損ない、被虐待者の心身にふかい傷をおわせるものである。
　日本においては1990年代にはいり、民間組織が高齢者虐待の実態調査と研究をおこない、高齢者虐待の深刻な状況をあきらかにした。これにたいして民間や自治体の虐待防止へのとり組みがおこなわれてきたが、より強力な虐待防止の施策を推進するために、国にたいして法整備がもとめられていた。欧米諸国にくらべて社会的取組みが相当におくれていたが、2005（平成17）年に、高齢者虐待の防止、養護者にたいする支援などにかんする施策を促進し、高齢者の権利利益の擁護に資することを目的として、議員提案による「高齢者虐待の防止、高齢者の養護者に対する支援等に関する法律」（「高齢者虐待防止法」）が成立し、同年に公布され、2006（平成18）年4月1日から施行された。

(2) 高齢者虐待の意味

　高齢者虐待とは、養護者（高齢者を現に養護するもの）、親族および養介護施設（老人福祉施設、有料老人ホーム、介護保険施設など）や養介護事業所（居宅サービス事業所、地域密着型サービス事業所、居宅介護支援事業所など）の従事者などによる次にあげる行為をいう。

身体的虐待	高齢者の身体に外傷が生じ、または生じるおそれのある暴行をくわえること（殴る・蹴る・つねるなど）
養護（介護）放棄	高齢者を衰弱させるようないちじるしい減食または長時間の放置など養護をいちじるしく怠ること（必要な医療・食事・暖房を提供しないなど）
心理的虐待	高齢者にたいするいちじるしい暴言またはいちじるしく拒絶的な対応その他の高齢者にいちじるしい心理的外傷をあたえる言動をおこなうこと（侮辱・脅迫などの言葉による暴力など）
性的虐待	高齢者にわいせつな行為をすることまたは高齢者にわいせつな行為をさせること（性的な暴力・性的いたずらなど）
財産上の不当利得	高齢者の財産の不当な処分や高齢者から不当に財産上の利益を得ること。高齢者の親族がおこなう場合もふくまれる。

(3) 市民および自治体等の責務

① 市民の責務

市（国）民は、高齢者虐待の防止、養護者にたいする支援などの重要性について理解をふかめるとともに、自治体・国が講ずる高齢者虐待の防止などのための施策に協力するよう努める。

② 自治体・国の責務

自治体および国には、次の3つの責務が課されている。
a　高齢者虐待の防止、虐待をうけた高齢者の迅速かつ適切な保護および養護者にたいする適切な支援をおこなうため、関係省庁相互間その他関係機関および民間団体との間の連携の強化、民間団体の支援その他必要な体制の整備に努めること
b　高齢者虐待の防止、虐待をうけた高齢者の保護および養護者にたいする支援にかんして専門的知識にもとづき職務にたずさわる人材の確保お

よび資質の向上をはかるため、関係機関の職員の研修などをおこなうよう努めること
c 高齢者虐待にかんしての通報義務、人権侵犯事件における救済制度などについて必要な広報その他の啓発活動をおこなうこと

③ 高齢者福祉関係団体（者）の責務

高齢者福祉に業務上関係のある団体（養介護施設、病院、保健所など）および高齢者福祉に職務上関係のある者（養介護施設従事者、医師、保健師、弁護士など）には、次の２つの責務が課されている。
a 高齢者虐待を発見しやすい立場にあることを自覚し、高齢者虐待の早期発見に努めること
b 自治体・国が講ずる高齢者虐待の防止のための啓発活動および虐待をうけた高齢者を保護のための施策に協力するよう努めること

(4) 高齢者虐待の通報等

養護者による虐待をうけたと思われる高齢者を発見した者は、すみやかに、市町村に通報するよう努め、高齢者の生命または身体に重大な危険が生じている場合には、すみやかに、市町村に通報しなければならない。
通報をうけた市町村の職員は、その職務上知りえた事項であって、通報をした者を特定させるものを漏らしてはならない。

(5) 市町村の役割

高齢者虐待の防止についても、市町村におおきな役割が期待される。高齢者虐待防止法には、市町村の役割として、次にあげる事項がさだめられている。このうち、相談・指導・助言、通報・届出の受理、事実の確認のための措置、養護者の負担軽減のための措置にかんする事務の全部または一部を虐

待対応協力者（地域包括支援センターなど）のうち適当と認められる者に委託することができる。委託をうけた高齢者虐待対応協力者、その役員・職員および職員であった者は、正当な理由がなしに、その委託をうけた事務にかんし知りえた秘密をもらしてはならない。

 a 高齢者虐待にかんし高齢者・養護者にたいする相談・指導・助言
 b 虐待にかんする通報・届出のあった高齢者の安全・事実の確認と連携協力者との対応協議
 c 通報・届出のあった高齢者虐待により生命・身体に重大な危険が生じているおそれがあると認められる高齢者の一時的保護や居宅介護・老人ホーム入所の措置または成年後見の審判の請求
 d 虐待により高齢者の生命・身体に重大な危険が生じているおそれがあると認めるときの高齢者の住所または居所に立ち入りと必要な調査・質問。この場合、必要があると認めるときは管轄の警察署長の援助をもとめることができる。
 e 高齢者虐待の事務に専門的に従事する職員の確保努力
 f 養護者による高齢者虐待の防止、養護者による虐待をうけた高齢者の保護および養護者にたいする支援のための関係機関、民間団体などとの協力体制の整備
 g 高齢者虐待にかんする事務の窓口となる部局および高齢者虐待対応協力者の周知

5　介護保険制度

(1)　介護保険制度の導入と見直し

1900年代後半にはいって、国民の高齢期における最大の不安要因は本人・

配偶者の介護や病気の問題となり、この抜本対策として2000（平成12）年4月1日から介護保険制度が導入された。介護保険制度は、それまでの行政機関の一方的な決定にもとづきサービスを提供する措置制度にかえて、介護を必要とする者がみずから必要とするサービスを選択して、サービス事業者と対等当事者の関係で契約をむすんで利用する仕組みとするものである。したがって、介護保険制度のもとで、利用者の主体性が確立され、福祉サービス利用の権利性が明確になるとともに、多様なサービス提供主体の参入がはかられ介護サービスの量と質を確保する道がひらかれた。

ところで、介護保険法の施行後5年を目途として制度全般に検討をくわえ、必要な見直しをおこなうとの附則規定にもとづいて、同法の大改正がおこなわれ、2006（平成18）年4月1日から改正法が施行された。この検討にあたって、政府は自治体その他の関係者から意見の提出があったときは、その意見を十分に考慮しなければならないとされているが、その内容や程度はどのようなものであったのであろうか。

この**大改正の背景**には、高齢化が急激にすすんでいく2015年時点における高齢社会像を見すえた場合の危機感がある。

《2015年の高齢社会像》

① 高齢者人口の増加
いわゆる団塊の世代（1947年～1949年生まれ）が65歳に到達し、その10年後（2025年）には高齢者人口がピークになる。
◆2005年：2,500万人→◆2015年：3,300万人→◆2025年：3,500万人

② ひとり暮らし高齢者・高齢者夫婦のみ世帯の増加　　単位：万世帯

	2005年	2015年	2025年
ひとり暮らし	386	566	680
夫婦のみ	470	614	609

③ 認知症高齢者の増加
◆2005年：169万人→◆2015年：250万人→◆2025年：323万人

(2) 介護保険制度の目的と理念

① 介護保険制度の目的
介護保険制度の目的は、次の4点に要約できる(介護保険法1条)。
a 加齢にともない生ずる心身の変化に起因する疾病などによる要介護者・要支援者を対象とするものであること
b 要介護者・要支援者の尊厳を保持するものであること
c 要介護者・要支援者のもっている能力におうじた自立した日常生活をいとなむことができるようにするものであること
d 国民の共同連帯の精神にもとづき、必要な保健医療サービスおよび福祉サービスの給付をおこなうものであること

② 保険給付の基本的理念
介護保険は、被保険者が要介護状態または要支援状態になったときに、必要な保険給付をおこなうもので、その保険給付における基本理念として次の6つがあげられる(介護保険法2条)。
a 要介護状態・要支援状態の軽減・悪化の防止に役立つようにおこなわれること(**予防の重視**)
b **医療との連携**に十分配慮しておこなわれること
c 被保険者の心身の状況、おかれている環境などにおうじて、被保険者の選択にもとづき、適切な保健医療サービスおよび福祉サービスが提供されるよう配慮しておこなわれること(**利用者主体**)

※ 自立
　自立とは、一般には、他者に依存しない状態をいうが、自立の側面には経済的自立、身体的(身辺)自立、精神的自立および社会的自立などがある。社会福祉においては、とくに自己選択・自己決定による主体的な生活の尊重が重視されている。また、自立した生活とは、各種の社会資源を活用しながら自分の「生」を主体的にいとなんでいることを指している。

d 保健医療サービスおよび福祉サービスは、多様な事業者または施設から提供されるよう配慮しておこなわれること(**サービス提供主体の多様化**)
c 保健医療サービスおよび福祉サービスは、総合的かつ効率的に提供されるよう配慮しておこなわれること（**サービスの総合化・効率化**）
d 保険給付の内容・水準は、被保険者が要介護状態になった場合においても、可能なかぎり、その居宅において、そのもっている能力におうじた自立した日常生活をいとなむことができるよう配慮すること(**在宅サービスの重視**)

(3) 介護保険制度の特徴

① 市町村が保険者であること

介護保険の創設に際しては、保険者を都道府県や医療保険者などにすべきであるとの議論もあったが、次のような理由から市町村が保険者となっている。
a 介護サービスの内容・水準には地域ごとに特性があること
b 市町村が高齢者の保健福祉事業に経験と実績をつんできていること
c 地域ごとのサービス水準や寝たきり予防などの努力を保険料などの決定に反映させやすいこと
d 市町村が地域の人びとにもっとも身近な存在で、実態にそくしたきめ細かなとり組みができ、地方分権の流れにもそうものであること

保険者である市町村は、被保険者の資格管理、要介護認定、保険給付、保険料の賦課徴収などにかんする事務をおこなう。

② 社会保険方式を活用したものであること

介護保険制度は、国民の共同連帯の理念にもとづき、費用を公平に負担するものとして、社会保険方式を活用している。**社会保険**は、その事業主体(保険者)がおもに国・自治体や公法人であること、法律により一定の者に加入が強制されること（強制加入）、保険料と給付内容が法定され選択できない

こと、公費（税）負担や事業主負担があることなどの点で生命保険や火災保険などの**私保険**とは異なる。このような社会保険方式は、一定数の被保険者を確保することによって、保険財政を安定化させるとともに、危険（リスク）を分散させる。また、保険事故の発生の可能性がひくい者だけを加入させ、事故発生の可能性のたかい者を加入させないという「逆選択」を防ぐことになる。また、私保険では、個別収支対応の原則により保険料をはらえない低所得者は加入できないが、社会保険では、全体としての収支均衡がはかられ（収支対応関係）、低所得者も加入できる。介護保険は、健康保険、年金保険、雇用保険、労働者災害補償保険につづく第5番目の社会保険である。

③ ケアマネージメントを本格的に導入したこと
ア 居宅介護支援

介護保険制度は、福祉分野において初めて本格的な**ケアマネージメント**を**居宅介護支援**としてとり入れた。介護保険における居宅介護支援は、次のように定義されている。

　a 居宅の要介護者・要支援者の依頼をうけて、居宅サービスなどを適切に利用できるよう、居宅サービス計画（ケアプラン）を作成すること。
　　　居宅サービス計画には、要介護者・要支援者の心身の状況・おかれている環境、本人およびその家族の希望などを考えあわせて、利用するサービスなどの種類・内容・担当者、利用者の健康上・生活上の問題点・解決すべき課題、サービスなどの目標・達成時期などがさだめられる。
　b 居宅サービス計画にもとづくサービスなどの提供が確保されるよう、

※ **大数の法則と保険制度**
　疾病や火災などの発生は、個々別々にみれば偶発的で予測が不可能にみえるが、多数のものについて観察すると実際に発生する確率は平均的にほぼ一定している。これを「大数の法則」とよんでいる。また、過去の実績や経験などを統計的にみれば、実際の結果にちかい事故発生の確率が予測できる。この予測にもとづいて事故に対処するために必要な資金も推計でき、その資金をおなじ危険にさらされている多数の者に公正に分担・拠出させ、それを積み立て、事故が発生した場合にこの積立金から事故の救済をおこなう仕組みが保険制度である。

事業者その他の者との連絡調整や介護保険施設に入所を必要とする場合には介護保健施設への紹介などをおこなうこと。

イ　介護支援専門員

居宅介護支援（ケアマネージメント）の中心的な担い手が**介護支援専門員（ケアマネージャー）**である。介護支援専門員の資格は、要介護者・要支援者が自立した日常生活をいとなむのに必要な援助にかんする専門的知識・技術を有する者として、介護支援専門員実務講習の修了者とされている。この実務講習を受講するためには、一定期間の保健・医療・福祉分野で実務経験をもっている者で介護支援専門員実務講習受講者試験に合格しなければならない。

≪介護支援専門員の資格取得の流れ≫
◇受験資格→◇介護支援専門員実務研修受講試験・合格→◇介護支援専門員実務研修→◇介護支援専門員実務研修終了証明書交付→◇介護支援専門員

(4)　基本的な仕組み

介護保険制度は、市町村が保険事業を運営し（**保険者**）、その区域内に住所のある40歳以上の者が加入し（**被保険者**）、被保険者が介護を必要とする状態になったとき（**保険事故**）、介護にかかった費用を給付する（**保険給付**）

※　ケアマネージメントの過程
基本的に次の4段階からなっている。
① アセスメント（課題分析）…介護などを必要とする者がかかえている生活上の問題を把握し、解決すべき課題を明らかにする。
② ケアプランの作成…課題解決の目標を設定し、その目標を達成するためのサービスの利用にかんする計画（ケアプラン）を作成する。
③ ケアプランの実施…計画（ケアプラン）にそって、適切なサービスを提供する。
④ モニタリングと再アセスメント…サービスの提供による利用者の心身の状況やニーズの変化などを把握し、必要におうじてケアプランの見直しをおこなう。

仕組みである。

① 保険者

保険者は、保険の加入者を確保して、保険料を徴収し、保険給付をおこなうなどの保険事業をおこなう者である（経営主体）。介護保険では市町村が保険者になっているが、単独だけでなく、複数の市町村が一部事務組合や広域連合を設立し共同で保険者となることもできる。また、介護保険は、保険者である市町村を都道府県、国、医療保険者、年金保険者などが重層的にささえる仕組みになっている。

② 被保険者

被保険者は、保険に加入し、保険料をはらい、保険事故が発生した場合に保険給付をうけることができる者である。介護保険の被保険者は、市町村に住所のある40歳以上の者で、65歳以上の者が**第1号被保険者**、医療保険に加入している40歳から64歳までの者が**第2号被保険者**とされている。

なお、被保険者には、**介護保険被保険者証**が交付される。

≪第1号被保険者と第2号被保険者の違い≫

	第1号被保険者	第2号被保険者
加入者	65歳以上の者	40歳以上65歳未満の医療保険加入者
保険事故	要介護・要支援状態	左のうち加齢に起因する特定の疾病によるもの
保険料の賦課徴収	・市町村が賦課徴収 ・所得段階別定額保険料 ・年金からの天引きと普通徴収	・医療保険者が医療保険料として徴収（特別徴収） ・健康保険：標準報酬×介護保険料率 ・国民健康保険：所得割・均等割などに按分

③ 保険事故

保険事故の発生により保険給付がうけられる。

〈保険給付の手続〉

●申請（本人・家族）⇒●訪問調査・主治医の意見書（市町村）⇒●一次判定（コンピュータ）⇒●二次判定（介護認定審査会）⇒●認定（市町村）⇒●認定通知（市町村→本人）⇒●ケアプランの作成（本人⇔事業所）⇒●利用契約・利用（本人⇔事業者・施設）⇒●利用者負担の支払い⇒●介護報酬の請求・支払い

ア　保険事故

　保険事故とは、保険者が被保険者にたいして保険金の支払いなど（保険給付）をおこなうことの原因となるべき事故（たとえば、生命保険では死亡や負傷、火災保険では火災など）のことをいう。介護保険の保険事故は、要介護状態または要支援状態である。このような状態になったときに、保険給付の対象となるサービスを利用することができる。ただし、第2号被保険者については、加齢にともなって生ずる心身の変化に起因する疾病（脳血管疾患など16の**特定疾病**）がその原因となっているものにかぎられる。

※特定疾病
　筋萎縮性側索硬化症、後縦靭帯骨化症、骨折を伴う骨粗しょう症、初老期における認知症、早老症、糖尿病性神経障害・糖尿病性腎症及び糖尿病性網膜症、脳血管疾患、パーキンソン病、両側の膝関節又は股関節に著しい変形を伴う変形性関節症、関節リュウマチ、がん（末期）など16種類。

※一部事務組合・広域連合
　一部事務組合は、自治体が、その事務の一部を共同処理するためにもうける自治体の組合である。その設立には、関係自治体の協議により規約をさだめ、都道府県の加入するものは総務大臣、その他のものは都道府県知事の許可をうける必要がある。一部事務組合には、議決機関として議会が、執行機関として管理者がおかれる。広域連合は、自治体の組合の一つで、自治体が広域にわたり処理することが適当であると認める事務にかんし、広域にわたる総合的な計画（広域計画）を作成し、広域計画の実施のために必要な連絡調整をはかり、その事務を総合的・計画的に処理する。議決機関として議会が、執行機関として広域連合の長がおかれる。広域連合の特徴は、広域連合の長が規約の変更を組織自治体に要請できること、有権者が議会の議員を投票により選べることおよび条例の改廃、議員・長の解職等の直接請求権が明文で認められていることなどである。

イ　要介護・要支援状態の区分

　要介護状態とは、身体上・精神上の障害があるために、日常生活における基本的な動作の全部または一部について、一定期間（6か月以上）にわたり継続して常時、介護を要すると見込まれる状態であって、介護の必要の程度におうじて、軽い要介護1から重い要介護5までに区分されている。

　要支援状態とは、身体上・精神上の障害があるために一定期間（6か月以上）にわたり継続して要介護状態の軽減・悪化の防止のためにとくに支援を要すると見こまれる状態または身体上・精神上の障害があるために一定期間（6か月以上）にわたり継続して日常生活をいとなむのに支障があると見込まれる状態をいう。支援の必要の程度におうじて要支援1・2に区分されている。

　介護予防は、介護保険制度本来の理念であるが、現実には軽度者（改正前の要支援・要介護1）のおお幅な増加があり、また、軽度者にたいするサービスが状態の改善につながっていなかった。そこで、2006（平成18）年施行の改正法では、軽度者にたいするサービスがより本人の自立支援に役立つよう介護予防を重視するシステムへの転換がはかられた。

<要介護・要支援状態区分>

区　分	状態の目安
非該当（自立）	社会的支援を必要としない状態
要支援1	基本的な動作能力はあるが、社会的支援を必要とする状態
要支援2	基本的な動作能力はあるが、社会的支援を必要とする状態
要介護1	部分的な介護を要する状態
要介護2	軽度の介護を要する状態
要介護3	中等度の介護を要する状態
要介護4	重度の介護を要する状態
要介護5	最重度の介護を要する状態

その一つとして、要介護状態区分のうち従来の要介護1を要支援2と要介護1にわけ、従来の要支援を要支援1として、要支援1および要支援2の認定をうけた者を対象にした**新・予防給付**がもうけられた。

　ウ　要介護・要支援状態区分の認定

　被保険者が保険給付の対象となるサービスを利用するためには、住所地の市町村に申請し、要介護認定をうけなければならない。市町村は、訪問調査結果にもとづくコンピュータによる第一次判定結果や主治医の意見書などにもとづく介護認定審査会の審査による第二次判定をへて認定をおこなう。**介護認定審査会**は、市町村が設置し、審査会委員には保健・医療・福祉にかんする学識経験者のなかから市町村長が任命する。介護認定審査会は、認定事務を迅速にすすめるため、おおむね3人から5人の委員で構成される合議体にわかれて、審査・判定の案件をとり扱っている。

〈審査会の審査判定事項〉
　　a　要介護状態または要支援状態に該当するか否か（該当または非該当）。
　　b　要介護・要支援状態区分のどこに該当するのか（要介護度）。
　　c　第2号被保険者については特定疾病によるものか否か。

〈審査会の意見〉

　介護認定審査会は、市町村への通知に次のような意見をつけることができる。
　　a　要介護状態の軽減または悪化の防止のために必要な療養にかんすること
　　b　サービスの適切・有効な利用などについて留意すべきこと

　エ　ケアプラン作成とサービス利用

　要介護の認定をうけた被保険者は、居宅サービスの場合には居宅介護支援事業所と契約により**居宅介護サービス計画**（ケアプラン）の作成を依頼する（本人の作成も可）。次に、ケアプランにもとづいて、都道府県知事（地域密着型サービス事業所にあっては市町村長）の指定の事業者・施設と契約をむすび、サービスを利用する。施設サービスの場合には、施設において施設サービス計画が作成される。要支援の認定をうけた被保険者は、地域包括支援センターによる**介護予防サービス計画**（ケアプラン）にもとづいてサービスを利用する。

オ　利用者負担の支払い

　サービスを利用した者は、利用者負担として費用の1割をサービス提供の事業者・施設に支払う。この定率の利用者負担は、サービスの利用におうじた応益負担の考え方にもとづいているが、所得におうじた上限額がさだめられており、これをこえた金額は高額サービス費として支給される。

〈利用者負担上限額〉

段階	対　象　者	負担上限額
第1	・生活保護受給者　・市町村民税世帯非課税で老齢福祉年金受給者	15,000 円
第2	市町村民税世帯非課税で年金収入額など80万円未満（年額）	15,000 円
第3	市町村民税世帯非課税で年金収入額など80万円以上（年額）	24,600 円
第4	第1～第3以外の者	37,200 円

カ　介護報酬の請求・支払い

　介護保険制度では、利用者と事業者・施設との契約によりサービスが利用されることから、利用者が事業者・施設に費用（介護報酬）を支払った場合に、利用者負担をのぞいた費用を保険給付として利用者に支給するという仕組み（償還払い方式）をとっている。

　しかし、実際には、利用者の利便などを考慮して、本来であれば市町村から利用者に支払われるべき費用（金額）を、利用者を代理して請求のあった事業者・施設にたいして支払うこと（**代理受領方式**）によって、医療保険と同様に原則として現物給付化されている。この代理受領方式により、利用者はサービス利用時に1割の利用者負担を支払えばよく、残りの9割の費用は事業者・施設が保険者である市町村（実際には市町村から委託をうけた国民健康保険団体連合会（国保連））に請求し、審査・支払いをうけることになる。

④　保険給付
　ア　給付の種類と給付方法
　保険給付とは、保険事故が発生した場合に、あらかじめ定められた基準にもとづき保険者が被保険者に支給する給付のことをいう。介護保険の給付には、要介護者にたいする**介護給付**と要支援者にたいする**予防給付**とがある。
　保険給付の方法には、現金で支払う**現金給付**と医療サービスのような現物の形で支給する**現物給付**とがある。介護保険では、前述のとおり利用者がサービス利用の費用を事業者・施設にいったん支払い、後に保険者が利用者に現金給付する仕組み（償還払い）になっているが、実際にはサービス提供の事業者・施設が代理受領することによって現物給付の形がとられている。
　イ　保険給付の対象サービス
　保険給付の対象となるサービスには、14種類の**居宅サービス**、3種類の**施設サービス**および6種類の**地域密着型サービス**がある。このうち、3種類の施設サービスと夜間対応型訪問介護、地域密着型特定施設入所者生活介護および地域密着型介護老人福祉施設入所者生活介護の3つの地域密着型サービスは、予防給付の対象とならない。
　2006（平成18）年度から施行の改正法では、**予防重視型システム**への転換として、従来の要支援者にたいする予防給付が全面的に見直され、新しい形の予防給付に再編成された。新・予防給付にかんするケアマネージメントは新たに創設された地域包括支援センターを中心に実施される。
　また、ひとり暮らし高齢者や認知症高齢者の増加、居宅生活支援の強化などに対応するために新たなサービス体系として地域密着型サービスが創設された。
　これらとの関連で、高齢者が身近でサービスをうけながら、住みなれた地域で生活を継続できるよう市町村を日常生活の圏域（**生活圏域**）にわけて、サービス基盤を整備するとともに圏域ごとに地域包括支援センターを配置することができることとされている。日常生活圏域は、地理的条件、人口、交通事情、サービス基盤の整備状況など総合的に勘案して、保険者ごとにきめられる。

◎ 居宅サービス

訪問サービス	訪問介護 （ホームヘルプサービス）	自宅で、食事・排せつ・入浴などの介護や食事の支度・掃除・洗濯などの家事援助をうける。
	訪問入浴介護	自宅で、巡回入浴車による入浴介助をうける。
	訪問看護	自宅で、療養上の世話などをうける。
	訪問リハビリテーション	自宅で、心身の機能を維持回復するための訓練をうける。
	居宅療養管理指導	自宅で、療養上の管理・指導をうける。
通所サービス	通所介護（デイサービス）	デイサービスセンターなどに通い、入浴や食事などの日常生活の世話をうける。
	通所リハビリテーション（デイケア）	介護老人保健施設や病院などに通い、心身の機能を維持・回復するための訓練をうける。
短期入所サービス	短期入所生活介護（ショートステイ）	福祉施設に短期間入所し、看護、介護、機能訓練その他必要な医療ならびに日常生活上の世話をうける。
	短期入所療養介護	老人保健施設や医療施設に短期間入所し、看護、介護、機能訓練その他必要な日常生活上の世話をうける。
その他のサービス	特定施設入所者生活介護	有料老人ホームやケアハウスに入居し、食事・排せつ・入浴などの介護その他日常生活上の世話、機能訓練および療養上の世話をうける。
	福祉用具貸与	福祉用具（特殊寝台、車椅子、体位交換器、歩行器など）の貸与
	特定福祉用具販売	貸与になじまない特定福祉用具（腰掛便座、特殊尿器など）の購入費用の支給
	住宅改修	小規模な住宅改修（手すりの取り付け、滑りの防のための床材の変更、引き戸等への扉の取替えなど）の費用の支給
	居宅介護（介護予防）支援	介護サービス計画（ケアプラン）作成費用の支給

◎ 施設サービス

介護老人福祉施設	特別養護老人ホームに入所し、食事・排せつ・入浴などの介護その他日常生活上の世話、機能訓練および療養上の世話をうける。
介護老人保健施設	介護老人保健施設に一定期間入所し、看護、介護、機能訓練その他必要な医療や日常生活上の世話をうける。
介護療養型医療施設	指定介護療養型医療施設に入院し、療養上の管理、看護、介護その他日常生活上の世話および機能訓練その他必要な医療をうける。

◎ 地域密着型サービス

夜間対応型訪問介護	夜間、自宅で、排せつその他の日常生活上の世話をうける。
認知症対応型通所介護	認知症者がデイサービスセンターなどに通い、入浴・排せつ・食事などの介護その他の日常生活上の世話および機能訓練をうける。
小規模多機能型居宅介護	「通い」を中心として、随時、「訪問」や「泊まり」を組みあわせたサービスをうける。
認知症対応型共同生活介護（グループホーム）	認知症者が、少人数で共同生活をいとなみ、食事、排せつ、入浴などの介護その他必要な日常生活上の世話や機能訓練をうける。
地域密着型特定施設入所者生活介護 ※入所定員29人以下	介護専用型特定施設（介護付有料老人ホーム、ケアハウスなど）に入居し、入浴、排せつ、食事などの介護その他の日常生活上の世話、機能訓練および療養上の世話をうける。
地域密着型介護老人福祉施設入所者生活介護 ※入所定員29人以下	小規模の特別養護老人ホームに入所し、入浴、排せつ、食事などの介護その他の日常生活上の世話、機能訓練、健康管理および療養上の世話をうける。

ウ　保険給付の支給限度

　保険給付は、無制限におこなわれるものではない。まず、相互に代替性のあるサービスについては一つの区分にまとめ、要介護度におうじて、標準的なサービス例や介護報酬などを勘案して、**支給限度基準額**がもうけられている。また、福祉用具販売および住宅改修については、別に限度額がもうけられている。この限度額をこえたサービス利用の費用は、全額が利用者負担となる。次に、代替性のないサービスについては、介護報酬の算定方法により、

保険給付がおこなわれる。そのうち、施設サービスについては、1日当りの単位数が3施設別に要介護度（要介護1～5）におうじて、設定されている。なお、区分支給限度額基準額は、介護報酬と同様に単位数（1単位10円）であらわされている。

〈居宅介護サービス費区分支給限度基準額〉

要介護度	支給限度基準額（月）
要支援1	4,970 単位
要支援2	10,400 単位
要介護1	16,580 単位
要介護2	19,480 単位
要介護3	26,750 単位
要介護4	30,600 単位
要介護5	35,830 単位

〈福祉用具購入費支給限度基準額〉

　　10万円　※年間

〈住宅改修費支給限度基準額〉

　　20万円　※1被保険者1住宅につき

⑤　予防重視型システム

ア　地域支援事業

　地域支援事業は、被保険者が要支援・要介護の状態になることを予防するとともに、要介護状態になった場合でも、できるかぎり地域において自立した日常生活をいとなむことができるよう支援するための事業である。地域支援事業は、従来の、老人保健事業、介護予防・地域支え合い事業および在宅介護支援センター事業を再編して、創設されたものである。市町村が実施主体で、義務的事業（介護予防事業および包括的支援事業）と任意事業（その他の事業）とがある。

A 義務的事業
◎ 介護予防事業

区　分	施　策	対象者	事業内容
介護予防事業	特定高齢者施策（ハイリスクアプローチ）	虚弱高齢者	介護予防プラン（包括支援センター保健師などが作成）にもとづく運動器の機能向上、栄養改善、閉じこもり予防など
	一般高齢者施策（ポピュレーションアプローチ）	全高齢者	介護予防にかんする知識の普及や地域における自主的な介護予防の活動の支援など

◎ 包括的支援事業

区　分	事業名	事業内容
包括的支援事業	介護予防マネジメント事業	被保険者の心身、環境その他の状況におうじ、その選択にもとづき、介護予防事業その他の事業が包括的かつ効率的に提供されるよう必要な援助
	総合相談・支援事業	被保険者の実態把握、保健医療・公衆衛生・社会福祉その他関連施策にかんする総合的な情報の提供、関係機関との連絡調整などの総合的な支援
	権利擁護事業	被保険者に対する虐待の防止およびその早期発見のための事業その他被保険者の権利擁護のため必要な援助
	包括的・継続的マネジメント支援事業	支援困難事例にかんするケアマネジャーへの助言、地域のケアマネジャーのネットワークづくりなどの継続

B 任意事業

不要なサービスが提供されていないかの検証、制度趣旨などの情報提供などの介護保険給付費適正化事業、家族介護教室、認知症高齢者見守り事業などの家族支援事業、成年後見制度利用者支援事業などを任意事業としておこなうことができる。

イ 地域包括支援センター

地域包括支援センターは、地域の高齢者の心身にわたる健康の保持および生活の安定のために必要な援助をおこなうことによって、保健医療の向上お

よび福祉の増進を包括的に支援することを目的として設置され、いわば「地域包括ケア」の中核機関として位置づけられている。地域包括支援センターの事業は、市町村の直営または在宅介護支援センター設置法人などへの委託によっておこなわれる。地域包括支援センターは、**地域包括支援体制**を確立するために、保健師・経験のある看護師、主任ケアマネジャー、社会福祉士などの専門職が配置され、次のような機能・役割をもっている。複数の専門職の連携・協働によって、高齢者の在宅生活をささえ、地域生活に安心をもたらすことが期待される。

基本機能	事業内容	主な担当者
介護予防マネジメント	介護予防事業および新・予防給付が効果的・効率的に提供されるよう、適切なマネジメントをおこなう（アセスメント、プラン作成、事業実施・サービス調整、評価など）。	保健師・経験のある看護師
総合相談支援・権利擁護	高齢者の相談を総合的にうけとめ、実態を把握して必要なサービスにつなぐ。また、虐待防止など高齢者の権利擁護に努める。	社会福祉士
包括的・継続的マネジメント支援	日常的個別相談・指導、支援困難事例などの指導・助言、地域でのケアマネジャーのネットワークの構築などをおこなう。	主任ケアマネジャー

　市町村は、地域包括支援センターの公正・中立な運営を確保するために、地域包括支援センター運営協議会を設置し、運営に関与させることになっている。

※　地域包括ケアと地域包括支援体制
　地域包括ケアとは、高齢者が住み慣れた地域で、できるかぎり継続して生活できるよう、個々の高齢者の状況やその変化におうじて、介護サービスを中心に福祉・保健・医療サービスその他多様な支援を継続的・包括的に提供することである。地域包括ケアを実現するためには、総合性（多様なニーズや相談を総合的にうけとめ必要な支援につなぐ）、包括性（保健・医療・福祉サービス、ボランティア活動などの多様な社会資源を有機的にむすびつける）および継続性（高齢者の心身の状態の変化におうじて適切なサービスを継続的に提供する）などを視点とした「地域包括支援体制」を確立する必要がある。

(5) 費用負担

① 費用負担区分

介護保険の財政は、被保険者の保険料および公費（自治体・国の税で負担）によって運営されている。保険給付の費用については、利用者負担をのぞいて保険料および公費で2分の1ずつ負担している。保険料は、第一号被保険者が19％、第二号被保険者が31％の割合で負担する。公費負担では、介護保険施設および特定施設の給付費については、市町村12.5％、都道府県17.5％、国20％をそれぞれが負担し、その他の給付費については市町村・都道府県各12.5％、国25％を負担している。なお、国の負担分のうち5％は**調整交付金**として後期高齢者比率などの違いによる市町村間の保険料負担格差の調整財源にあてられる。

負担者	市町村	都道府県	国	1号被保険者	2号被保険者
負担名	操出金	負担金	負担金	保険料	介護給付費交付金
施設等給付以外	12.5％	12.5％	20.0％＋5％	おおむね32％	おおむね18％
施設等給付	12.5	17.5	15.5＋5	おおむね32％	おおむね18％
	50％			50％	

注：「施設等給付」は、介護保険施設および特定施設にかかる給付費をさす。

② 第1号被保険者の保険料
ア 保険料の設定

第1号被保険者の保険料負担額は、所得段階別の定額保険料である。保険料率については、通常よるべき算定基準として、所得におうじた6段階になっているが、市町村は7段階以上にして高額所得者にはよりたかい負担割合を、低所得者にはよりひくい負担割合をもうけることができることになっている。

〈全国平均保険料(月額)〉

第1期(2000～2002年度):2,911円→第2期(2003～2005年度):3,293円

≪保険料の負担区分≫

段階区分	負担割合	対象者	計算例
第1段階	基準額×0.50	・生活保護受給者・老齢福祉年金受給者で市町村民税非課税者など	4,000円×12月×0.25=12,000円
第2段階	基準額×0.50	・市町村民税世帯非課税で年金額等が80万円未満	4,000円×12月×0.50=24,000円
第3段階	基準額×0.75	・市町村民税世帯非課税で年金額等が80万円以上	4,000円×12月×075=36,000円
第4段階	基準額	・市町村民税本人非課税	4,000円×12月=48,000円
第5段階	基準額×1.25	・市町村民税本人課税で合計所得金額２５０万円未満の者	4,000円×12月×1.25=60,000円
第6段階	基準額×1.50	・市町村民税本人課税で合計所得金額２５０万円以上の者	4,000円×12月×1.50=72,000円

イ　保険料の賦課徴収

　第1号被保険者の保険料は、原則として年金から天引きされ、年金保険者から市町村に納付される(特別徴収)が、それ以外の者については市町村から送付される納付通知書により納付する(普通徴収)。

③　第2号被保険者の保険料

　被用者医療保険の被保険者の介護保険料は、各被用者医療保険の医療保険料算定ルールにもとづき、標準報酬をもとに定率で計算した金額である。この金額を医療分の保険料の額にくわえて徴収される。介護保険料分についても、事業主負担がある(原則として労使折半)。

　国民健康保険の被保険者の介護保険料は、各市町村の国民健康保険料(税)

の算定ルールにもとづき、所得割（前年の所得をもとに計算）、資産割（固定資産税をもとに計算）、均等割（加入者の人数におうじて計算）および平等割（一世帯あたりにかかる金額）で算定され、世帯主につき賦課・徴収される。介護保険料の半分は国庫負担がある。

医療保険者が徴収した介護保険料相当分は、**社会保険診療報酬支払基金**（診療報酬の審査・支払いをおこなう法人）に納付され、支払基金から市町村に交付される。

④ 保険料の滞納

保険料を滞納すると、納付の督促がおこなわれ、それでも自主的納付がない場合には、財産差押などの滞納処分のほか、保険給付の一時差止めなどのペナルティーが課せられる。

(6) サービスの提供者

① 事業者・施設の指定

保険給付の対象となるサービスは、都道府県知事または市町村長の指定をうけた事業者・施設によるものでなければならない。都道府県知事は、居宅介護サービス事業者、居宅介護支援事業者および介護保険施設について、市町村長は地域密着型サービス事業者について、それぞれ指定する。被保険者が保険給付をうけるには、これらの指定をうけた事業者・施設の指定をうけたサービスを利用しなければならない。

都道府県知事または市町村長の指定をうけるためには、法人であること、従業員の知識・技術および人員が一定基準をみたしていること、所定の基準にしたがって適正な運営ができることなどの要件をそなえている必要がある。指定後に、基準違反などがあれば指定の取消などがおこなわれる。

② 介護報酬

介護報酬は、保険給付の対象となる各種介護サービス費用の額の算定基準で、事業者・施設が利用者にサービスを提供した場合にその対価として保険者または利用者に請求する費用の算定基準となるものである。介護報酬の額は、厚生労働大臣が介護サービスの種類ごとに、事業所・施設の所在地域などを考慮し、サービスの内容や要介護度も勘案して、サービス提供に要する平均的な費用の額にもとづいてきめられる。介護報酬は、地域別に1単位当たりの単価がきめられており、単位数×地域別単価で計算される。
　地域別単価は、5段階にわけられ、「その他」地域を標準（1単位当たり10円）として、「特別区」（東京23区）、「特甲地」（東京市部など）、「甲地」および「乙地」の4段階で加算がおこなわれる。

〈介護報酬の例〉

サービス名	内容	基本単位	加算	減算
訪問介護	生活援助（1時間以上）の場合	291単位	人材確保、中重度者への対応など	
通所介護	通常規模型事業所の場合（6時間〜8時間）	要介護1：677単位 要介護3：901単位 要介護5：1,125単位	栄養マネジメント、口腔機能向上、入浴介助など	3級ヘルパー
介護老人福祉施設	多床室	要介護1：639単位　要介護2：710単位　要介護3：780単位 要介護4：851単位　要介護5：921単位／日		

〈地域別単価の例〉（1単位当たり・円）

サービス名	特別区	特甲地	甲地	乙地	その他
訪問介護	10.72	10.60	10.36	10.18	10.0
通所介護					
介護老人福祉施設	10.48	10.40	10.24	10.12	10.0

(7) 介護保険事業計画

① 介護保険事業計画
ア 介護保険事業計画の内容
　市町村は、厚生労働大臣がさだめる基本指針にそくして、3年を1期とする介護保険事業にかかる保険給付の円滑な実施にかんする計画（介護保険事業計画）を策定しなければならない。この介護保険事業計画は、保険給付の対象となるサービスの水準（確保・提供すべきサービス量）をしめし、また保険料の算定の基礎となるなど介護保険事業運営の基本となるものである。介護保険事業計画には、次の事項がもり込まれている。
　a　各事業年度における保険給付の対象サービスについて種類ごとの量の見込み
　b　保険給付の対象サービス見込み量を確保するための方策
　c　事業者間における連携の確保その他保険給付の対象サービスを円滑に提供するための事業にかんすること
　d　その他保険事業を円滑に実施するために市町村が必要と認めること

イ 介護保険事業計画の策定手続
　介護保険事業計画は、要介護者などの人数やサービスの利用意向などの事情を考慮するとともに、被保険者の意見を反映して策定されなければならない。
　また、介護保険事業計画は、老人保健福祉計画と一体のものとして作成され、地域福祉計画などと調和がたもたれたものでなければならない。

② 介護保険事業支援計画
　都道府県は、厚生労働大臣がさだめる基本指針にそくして、3年を1期とし、各年度の介護保険施設の必要入所定員総数、介護保険施設の整備、介護サービス従事者の確保・資質向上の事業などにかんする介護保険事業支援計

画を策定する。

③ 基本指針
　厚生労働大臣は、保険給付対象サービスの提供体制の確保、市町村介護保険事業でさだめるべき介護サービス見込量の参酌標準など保険給付の円滑な実施を確保するための基本的な指針をさだめる。

(8) 権利保護

① 苦情の申出
ア　国民健康保険団体連合会
　国民健康保険団体連合会（国保連）は、指定サービスなどの質にかんする調査をおこない、事業者・施設にたいして必要な指導・助言をおこなうことができる。これがオンブズマン機能といわれるもので、国保連では、次の場合の苦情をあつかう。
　a　申出人が直接に国保連に苦情の申出をした場合
　b　市町村において解決できない苦情である場合
イ　市町村
市町村の苦情対応にかんする役割と権限には次のものがある。
　a　利用者およびその家族などからの相談・苦情への適切・迅速な対応
　b　利用者などからの苦情にかんする事業者などにたいする調査の実施および指導・助言
　c　指定居宅サービス事業者などの指定基準違反について都道府県への通知
　d　地域密着型サービス事業者の指導・監督
ウ　事業者および施設
　事業者・施設は、サービス提供者として、第一次的に苦情に対応しなければならない。事業者・施設の苦情対応には次のものがある。
　a　利用者などからの苦情にたいする迅速かつ適切な対応

 b　市町村および国保連の調査への協力および指導・助言などにもとづく改善
 c　みずからが提供するサービスの質の評価

 ② 不服申し立て
　保険者である市町村がおこなった保険給付などにかんする行政処分にたいして不服がある場合には、都道府県におかれている**介護保険審査会**に審査請求をすることができる。介護保険審査会は、審査請求の審理・裁決をおこなう専門の第三者機関として、被保険者代表委員3人、市町村代表委員3人および公益代表委員3人以上（条例でさだめる。）で組織されている。審査請求は、原則として処分があったことを知った日の翌日から起算して60日以内に文書または口頭でおこなわなければならない。処分の取消しの訴えは、当該処分についての審査請求にたいする裁決をへた後でなければできない。
　介護保険審査会への審査請求の対象となる処分には次のようなものがある。
 a　要介護・要支援認定などの保険給付にかんする処分
 b　保険料その他徴収金にかんする処分

 (9)　制度上の主な課題

　介護保険制度は、改正法施行後3年をメドとし見直し、法施行後10年経過後に事業者・施設にかんして検討し、必要な措置をとることとされている（介護保険法附則）。検討・見直しすべき課題として次のようなものがある。

 ① 法令事項の抑制
　自治体政策にかんする法令の規定は、全国基準ないし枠組みにとどめることが基本である。ところが、介護保険法および政令（同法施行令）・省令（同法施行規則など）に細部にわたる規定がもうけられており、その上に多数の通知などがだされている。
　介護保険法令は、「規律密度の高い法令」となっており、自治体の裁量の

余地はせまいものになっている。法令事項の抑制・自制と自治体の裁量範囲の拡大が望まれる。

② 保険者の見直し

要介護者の増加が見込まれる状況下において、保険財政の「破綻」も懸念される。持続可能な制度とするために、国民健康保険にも関連するが、市町村を保険者としていることの再検討が必要である。

③ 被保険者の範囲

家族をふくめて国民の誰もが、要介護・要支援状態になる可能性もあることからも、被保険者の年齢の引き下げによって、保険料負担の分かちあいがあってよいであろう。

④ 障害者支援制度との統合

要介護高齢者と障害者には共通点もおおいが、障害者の特性を十分に考慮しつつ、介護保険と障害者自立支援制度の統合にむけた検討が必要である。

⑤ わかり易い仕組み・用語に

介護保険制度は、一般市民の日常生活に直接かかわるものであるが、仕組みやサービス内容が複雑でわかりにくい。また、法令上の用語（「地域密着型介護老人福祉施設入所者生活介護」）がむずかしく、通常用語との違いもあって混乱する。自治体における工夫もあってよいであろう。

※　オンブズマン
　オンブズマンは、スウェーデン語の「オンブード」（護民官）が語源で、本来、高い権威をもった機関（独人制）で、中立的立場から市民の行政にかんする苦情をうけつけて、調査し、救済の勧告をするとともに、独自に行政のあり方を調査する権限をもっている。日本の自治体に導入されているオンブズマンは、執行機関の附属機関として設定されている。

〈第5章 資料〉

1 老人福祉施設の設置状況

10月1日現在

施設名	1990（平成2）年	2000（平成12）年	2004（平成16）年
養護老人ホーム	950	949	962
特別養護老人ホーム	2260	4,463	5291
軽費老人ホーム			
A型	254	246	243
B型	38	38	34
ケアハウス（介護利用型）	3	1,160	1,651
通所介護事業所		8,037	14,725
短期入所生活介護事業所	―	4,515	5,657
老人介護支援センター	―	6,964	8,614
老人福祉センター	2024	2,271	2,298

注：厚生労働省「社会福祉施設等調査」による。

2 シルバー人材センターの実績

年度	契約金額	団体数	男性会員数（人）	女性会員数（人）	計（人）
1990（平成 2）	797億円	495	151,745	73,701	226,257
1995（平成 7）	1,343億円	699	238,207	125,186	363,676
2000（平成12）	2,435億円	1,577	422,537	219,729	642,266
2004（平成16）	3,067億円	1,820	513,763	258,434	772,197

注：(社団法人)全国シルバー人材センター事業協会資料による。

3 老人クラブ数・会員数　各年度末現在

年	クラブ数	会員数(人)
1997（平成9）	134,285	8,869,086
2003（平成15）	130,081	8,431,120
2004（平成16）	128,783	8,273,271

注：厚生労働省「社会福祉行政業務報告
　　（福祉行政報告例)」による。

4　第1号被保険者数・認定者数

4月末現在

区　　分		平成12年	平成14年	平成17年
第1号被保険者数（人）		21,654,769	23,223,722	25,160,699
要介護・要支援認定者数（人）	第1号被保険者	―	2,921,845	3,964,489
	第2号被保険者	―	107,162	143,666
	合　計	2,181,621	3,029,007	4,108,155

注：厚生労働省「介護保険事業状況報告（暫定）」による。

5　介護給付費の推移

単位：兆円

	平成12年度	平成13年度	平成14年度	平成15年度	平成16年度
総費用	3.6	4.6	5.2	5.7	6.1
保険給付費	3.2	4.1	4.7	5.1	5.5

注：厚生労働省資料による。なお、平成12年度は11か月分、16年度は予算ベース。

6　事業所数・施設数の推移

各年10月1日現在

事業所・施設区分			平成12年	平成14年	平成16年
サービス事業所	訪問系	訪問介護	9,833	12,346	17,274
		訪問入浴介護	2,269	2,316	2,406
		訪問看護ステーション	4,730	4,991	5,224
	通所系	通所介護	8,037	10,485	14,725
		通所リハビリテーション	4,911	5,568	5,869
	その他	短期入所生活介護	4,515	5,149	5,657
		短期入所療養介護	4,651	5,655	5,821
		認知症対応型共同生活介護	675	2,210	5,449
		特定施設入所者生活介護	-	-	904
		福祉用具貸与	2,685	4,099	5,391
居宅介護支援			17,176	20,694	24,331
介護保険施設		介護老人福祉施設	4,463	4,870	5,291
		介護老人保健施設	2,667	2,872	3,131
		介護療養型医療施設	3,862	3,903	3,717

注：厚生労働省「介護サービス施設・事業所調査」による。

7　事業所・施設の利用者・在所者数の推移　　　　　単位：人　各年9月

事業所・施設区分		平成12年	平成14年	平成16年
居宅サービス事業所	訪問介護	446,679	728,974	972,266
	訪問入浴介護	60,384	66,525	67,208
	訪問看護ステーション	203,573	244,475	274,567
	通所介護	616,967	790,365	995,903
	通所リハビリテーション	273,769	383,259	439,754
	短期入所生活介護	103,258	155,863	192,781
	短期入所療養介護	29,703	49,508	60,277
	認知症対応型共同生活介護	5,450	23,888	70,161
	特定施設入所者生活介護	-	-	33,921
	福祉用具貸与	106,274	567,979	739,212
居宅介護支援		1,074,242	1,656,794	2,083,382
介護保険施設	介護老人福祉施設	296,082	326,159	357,891
	介護老人保健施設	213,216	233,740	256,809
	介護療養型医療施設	102,966	126,865	129,111

注：厚生労働省「介護サービス施設・事業所調査」による。

第6章　自治体子ども家庭福祉政策

1 政策課題

(1) 子育て・子育ち支援

核家族化のなかで身近に育児経験をもった者がいないことなどから、妊娠・出産・育児に不安をかかえている若い人たちがおおくいる。

また、子どもを欲しい人が、安心して子どもを生み・育てられる環境が十分にととのっていないことから、出産を抑制している男女も相当数になることが推測される。

自治体でのとり組みとしては、まず、妊娠から出産・育児にいたるまで保健・健康面でささえる母子保健事業の拡充が優先課題である。次には、出産後の子育て支援として、地域における育児相談体制の整備、親同士の交流の場づくりや子育て・子育ちのための保育など多様なとり組みがもとめられて

《保育事業》

形　態		運営方法	機能
公立保育所	市町村	公設公営 公設民営	通常保育 延長保育・長時間保育 一時保育 休日保育 産休明け保育 障害児保育
民間保育所 (認可保育所)	社会福祉法人等	民設民営	
無認可保育所	自治体認証等	個　人	
幼稚園	学校法人・個人等	公設公営 民設民営	預かり保育
家庭福祉員 (保育ママ)	自治体認定	個　人	家庭的保育

いる。
　保育事業は、市町村における子ども家庭施策の中心となっているが、0歳から小学校就学前までの子どもを対象としている。そのなかで**保育所**の役割は就労している親の子育て支援であると同時に子ども自身の育ち（子育ち）の場ともなっている。保育所は、子どもが他の子どもや保育士などとのふれあいのなかで、社会性を身につけ、子ども自身の成長の場となっていることを重視したい。
　保育所については、希望者の全員入所、障害児の受入れ、保育時間の延長、休日の保育、一時保育、地域開放など自治体の課題も山積している。また、ニーズが増大しているなかで、保育の質とコストの両面から経営主体のあり方が問われている。
　厚生労働省のさだめる施設・設備・職員数などの基準をみたさないで、無認可で経営している保育所として、個人経営の保育室や父母・保育士が共同経営している共同保育所などがある。**無認可保育所**は、認可保育所にはいりきれない乳幼児をうけいれるなどして、比較的少人数で家庭的環境のもとで保育をおこなっている。とくに都市部においては、待機児の解消にも重要な役割をはたしており、自治体によっては独自の基準をもうけて、補助などをおこなっているが、きびしい経営のもとにおかれている。
　幼稚園は、教育機関である学校のひとつであるが、2000（平成12）年度から幼稚園教育要領（文部科学省告示）で「**預り保育**」の実施がみとめられている。預り保育では、保護者が就労などで家庭において保育することが困難な場合に、幼稚園の保育時間終了後に一定の時間まで子どもを預かり、保育を実施している。自治体の積極的な対応ももとめられる。
　家庭福祉員（保育ママ）は、保護者の就労などで昼間家庭で保育できないおおむね産休明け（生後57日）から3歳未満の乳幼児を保護者にかわって保育する制度である。家庭福祉員（保育ママ）は、保育に熱意と経験をもつ在宅の女性で、自治体が認定し、保育はその自宅において2人〜5人の少人数で家庭的な雰囲気のもとでおこなわれている。

(2) ひとり親家庭支援

　ひとり親家庭（ワンペアレント・ファミリー）においては、生計を維持するための経済問題と家事・子どもの養育などの家族の問題をかかえていたり、精神的に不安定な状態におちいっている場合がおおい。この分野における施策と法整備は不十分な状況にある。それは、離婚、シングルマザー、事実婚、シングルライフといった家族形態の変化にもかかわらず、ひとり親家庭にたいする差別的な社会意識と性別役割分業を前提とした政策・制度の仕組みが根づよくのこっていることに起因しているといえる。
　したがって、根本的にはひとり親家庭にたいする差別意識と差別的な政策・制度の改革を必要とするが、生活問題をかかえているひとり親家庭にたいし自治体としても積極的な支援をおこなっていく必要がある。具体的には、ホームヘルプサービスを中心とした居宅支援サービスやとくに夜間・休日における相談事業の整備・充実などである。

(3) 幼保の統合・一元化

　子どもも3歳になると、知識がふえ行動も活発になり、人格形成上においてとくに社会性を身につけるために大切な時期であり、同世代・異世代とのまじわりを重視しなければならない。また小学校入学の準備も必要になり、学校教育の一環として幼稚園教育もおこなわれる。ところで、幼稚園は園児が定員にみたない定員割れ、保育園は希望しても入所できない待機児がいるという状況もうまれている。幼稚園と保育園の一元化（**幼保一元化**）がさけばれて久しいが幼稚園と保育園とは学校教育法と児童福祉法の別体系になっており、両者の一体的な運営の試みもされてきているが、法的限界に阻まれてきた。ようやく、近年になって文部科学省と厚生労働省のカベをこえたとり組みがはじまり、幼稚園と保育園を一体化した総合施設について、2005

（平成17）年度のモデル事業の結果をふまえて、2006（平成18）年度中に法制化し、本格導入することになっている（「認定こども園」）。

(4) 健全育成事業

① 学童保育

　小学校低学年の子どもについては、帰宅しても保護者が就労などで昼間家庭にいない子ども（いわゆる鍵っ子）の安全と健全なあそびを確保することが課題である。この対策として、学童保育クラブなどが近隣地域でのとり組みからはじまり、社会福祉協議会の事業にとりあげられ、次第に市町村の事業とされ、都道府県や国の財政援助もおこなわれるようになった。学童保育にたいする父母などのつよい要望をうけ、1998（平成10）年の児童福祉法の改正によって、「放課後児童健全育成事業」が法制化された。

　「放課後」となっているが、土曜日や夏休みなどの長期休業時にも利用できるようになっている。遊び、体験活動、自主活動などをとおして、子どもの自立と社会性を育てる場ともなっている。

　放課後児童健全育成事業では、次のことが課題である。
　a　希望者の全員入所、小学校4年生までの年齢延長、障害児の受け入れなど
　b　文部科学省の「地域子ども教室推進事業」（2004（平成16）年創設）と放課後児童健全育成事業との統合
　c　NPOや社会福祉法人などによる事業の実施

※幼稚園と保育園
　幼稚園は、学校教育法にもとづき、小学校就学前の3歳児以上の幼児を幼稚園教諭（教員免許状取得者）が教育する教育機関で、文部科学省の所管である。
　保育所は、児童福祉法にもとづき、保育に欠ける0歳から小学校就学前の乳幼児を保育士（保育士資格取得者）が保育する児童福祉施設で、厚生労働省の所管である。
　このように、幼稚園と保育所とは、機能・目的が異なるものとして、二元的に制度化されており、国の所管省庁も異なっている。

② 児童館

0歳から18歳までの子どもを対象に、健全な遊び場をあたえて、その健康を増進し、または情操をゆたかにすることを目的に**児童館**が設置され、ここを拠点にして多種多彩な行事・事業がおこなわれている。遊びは、子どもの人格の発達をうながす上で欠かすことのできないもので、子どもは遊びをとおして自主性や社会性を身につけていく。

児童館では、育児不安の子育て中の母親を支援する午前中の**幼児クラブ**も重要な事業としておこなわれている。また、就学している子どもの放課後における貴重な居場所ともなっている。

中・高校生にとっては小学生向けの行事の企画・実行などでのボランティア活動のよき場所でもあり、家庭・学校・児童相談所などと連携しながら子どもの自立を支援する活動もおこなわれている。

課題としては、中学高校生も気楽に利用できるよう名称の工夫、魅力ある事業内容・運営方法、利用時間の延長、学童保育との統合などがある。

(5) 少子化対策

少子化にともなう人口減少は、一方で住宅、通勤、受験面でのゆとりが生まれることでの歓迎論があるが、急激な現役世代を中心とした人口減少は、社会保障負担、労働力人口、経済活力など社会経済面に深刻な問題をもたらすとのきびしい予測のもとで、政策課題にとり組んでいくべきであろう。

国の主導のもとですすめられてきた「少子化対策」は、戦時の「産めよ、増やせよ。」の政策を連想させることから、「**次世代育成支援**」という用語にかえられている。

急激な少子化は、一国の存亡にもかかわる問題であり、遅きに失する感もあるが、国段階での思いきったとり組みがなければ、その解決はおぼつかないといっていいだろう。今、もっとも必要なことは出産をためらわせている

原因に手をうつことである。

　第1には、子育てにともなう**経済的負担を軽減**することである。そのために、少なくとも先進諸国なみの児童手当の大幅な増額をおこなうこと、所得制限つきで、月額第1・2子5000円、第3子以降10,000円でどれだけ出産の動機づけになるだろうか。また、高等教育の終了までかかる教育費用の軽減策にとり組んでいく必要もある。

　第2には、安心して出産・子育てのできる**就労環境を整備**することである。そのために、育児休業・短時間労働などの労働条件の抜本的な改革をすすめていかなければならない。これには、目先だけにとらわれることなく将来的な展望のもとでの企業側の努力が条件となる。

　第3には、何よりも、**男女共同参画社会の構築**が必要である。家庭、地域、職場における男女役割分担意識の払拭と社会・経済・政治などあらゆる分野への平等な男女の参画がはかられていかなければならない。

　自治体レベルにおいては、次世代育成支援といっても特別に新しい施策があるわけでなく、これまでの子育て支援や子どもの健全育成事業に地域特性をいかした創意・工夫をくわえながえら総合的に展開していくことになる。

2　政策の基本視点

　子ども・家庭にたいする政策の基本は、安心して子どもを生み・育てられる環境と子ども自身が健全に育ちゆく環境を整備することである。子ども・家庭をめぐる政策の立案・推進にあたっては、次のような視点にたつことが必要であろう。

(1)　人権主体としての子ども

子どもは、心身の両面で未成熟であることから一方的な保護の対象者としてとらえられがちであるが、一個の独立した人格をもった人間であり、**人権の主体者**として明確に位置づけられなければならない。

　遅ればせながら日本も1994（平成6）年に批准した「**児童の権利に関する条約**」（子どもの権利条約）は、子どもを生存・保護・発達と意見表明の権利行使の主体とし、子どもにかかわる政策は、子どもの「**最善の利益**」を最優先すべきものとしている。

(2)　婚姻・出産観の転換

　少子化のおおきな要因として非婚・晩婚があげられている。

　国勢調査結果などからみて、1970（昭和45）年に、**生涯未婚率**（50歳時の未婚率）が男1.70％、女3.33％、初婚平均年齢が夫26.9歳、妻24.2歳であったものが、2000（平成12）年には、生涯未婚率が男12.57％、女5.82％、初婚平均年齢が夫28.8歳、妻27.0歳にまであがっている。生涯未婚の人は、かつては例外的存在であったが、今は生き方のひとつの選択肢となっている。

　離婚については、1970（昭和45）年に、95,937組で離婚率（人口千対）0.93％であったが、2002（平成14）年には289,836組で離婚率2.30とおおきくふえている。その後は減少傾向にある（総務省：人口動態統計月報年計）。

　このような状況は、近年、日本においても結婚→妊娠→出産と直線的に結びつける意識がよわくなっていることを示している。個人の選択と決定にもとづく自立した多様な生き方が尊重され、離婚・再婚、婚外子、ひとり親家

※　児童の権利に関する条約
　一般に「子どもの権利条約」いわれており、国際連合が1989（平成元）年に採択し、翌年に発効した子どもの権利にかんする総合的条約である。その内容は、子どもの最善の利益を最優先し、子どもの生存・保護・発達の保障、子どもの意見表明権などで子どもを権利行使の主体としたことで画期的なものとなっている。
　日本は、この条約を1994（平成6）年に批准し、世界では158番目の締約国となった。

庭を普通の存在とみなすような意識の改革が必要である。

3　児童福祉法にもとづく施策

　ここでは、児童福祉法にもとづく主な施策についてみておく。
　児童福祉法では、**児童**とは満18歳にみたない者をいい、**乳児**（満1歳にみたない者）、**幼児**（満1歳から小学校就学の始期に達するまでの者）および**少年**（小学校就学の始期から満18歳に達するまでの者）に分けている。
　なお、障害児の福祉施策については後述する。

(1)　児童福祉施設

　市町村は、あらかじめ、所定事項を都道府県知事に届けでて、児童福祉施設を設置することができる。管理・運営は、直営（公設公営）または民間（公設民営）によっておこなう。
- **助産施設**…保健上必要があるにもかかわらず、経済的理由により、入院助産をうけることができない妊産婦を入所させて、助産をうけさせる施設
- **乳児院**…乳児（保健上などの理由でとくに必要ある場合にはおおむね2歳未満の幼児をふくむ。）を入院させ、養育し、あわせて退院した者の相談その他の援助をおこなう施設
- **母子生活支援施設**…配偶者のない女子またはこれに準ずる事情にある女子およびその監護（監督・保護）すべき児童を入所させ、保護し、またこれらの者の自立促進のためにその生活を支援し、あわせて退所した者の相談その他の援助をおこなう施設
- **保育所**…日々保護者の委託をうけて、保育に欠けるその乳児・幼児を保育する施設で、とくに必要があるときは保育に欠けるその他の児童も保育する施設

- 児童厚生施設…児童遊園、児童館などで子どもに健全な遊びをあたえて、その健康の増進と情緒をゆたかにするための施設
- 児童養護施設…乳児をのぞいて、保護者のない児童、虐待されている児童その他環境上養護を要する子どもを入所させ、養護し、あわせてし退所した者の相談その他の自立の支援をおこなう施設
- 児童自立支援施設…不良行為をなし、またはなすおそれのある子どもおよび家庭環境その他の環境上の理由により生活指導などを要する子どもを入所させ、または保護者のもとから通わせて、個々の子どもの状況におうじて必要な指導をおこない、その自立を支援し、あわせて退所した者の相談その他の援助をおこなう施設
- 児童家庭支援センター…地域の子どもの福祉にかんする各般の問題につき、子ども、母子家庭、地域の人びとなどからの相談におうじ、必要な助言や要保護児童・その保護者の指導をおこない、あわせて児童相談所、児童福祉施設などとの連絡調整その他の援助を総合的におこなう施設

(2) 子育て支援事業

① 放課後児童健全育成事業

　市町村は、児童の健全な育成のため、地域の実情におうじた放課後児童健全育成事業をおこなうとともに、市町村以外の放課後児童健全育成事業をおこなう者との連携をはかることなどにより、児童の放課後児童健全育成事業の利用の促進に努めなければならない。市町村において、学童保育（クラブ）としておこなわれている事業である。

　放課後児童健全育成事業は、小学校に就学しているおおむね10歳未満で、その保護者が労働などにより昼間家庭にいない子どもに、授業の終了後に児童厚生施設などの施設を利用して適切なあそび・生活の場をあたえて、その健全な育成をはかる事業である。

② 子育て短期支援事業

市町村は、子育て短期支援事業をおこなうことができる。

子育て短期支援事業とは、保護者の疾病その他の理由により家庭において養育をうけることが一時的に困難となった児童を児童養護施設などに入所させて、必要な保護をおこなう事業である。

(3) 保育の実施

保育事業は、子育て支援事業の中心となっている。市町村は、保護者の労働または疾病その他の事由により、その監護すべき乳児・幼児（またはとくに必要のある児童）の保育に欠けるところがある場合において、保護者から申込みがあったときは、それらの児童を保育所において保育しなければならない。ただし、付近に保育所がないなどやむをえない事由があるときは、その他の適切な保護をしなければならない。

また、市町村は、保護者の保育所の選択と保育所の適正な運営を確保するため、その区域内における保育所の設置者、設備および運営の状況などにかんする情報の提供をおこなわなければならない。

なお、保育需要が増大している市町村は、公有財産の貸付けなどを積極的におこなうことにより、社会福祉法人など多様な事業者の能力を活用した保育所の設置・運営を促進するものとされている。

また、保育需要が増大している市町村は、保育事業で必要と認めるものの供給体制の確保にかんする計画をさだめるものとされている。

(4) 助産の実施

自治体は、それぞれの設置する福祉事務所の所管区域内における妊産婦が、保健上必要があるにもかかわらず、経済的理由により、入院助産をうけることができない場合において、その妊産婦から申込みがあったときは、その妊

産婦にたいし助産施設において助産をおこなわなければならない。ただし、付近に助産施設がないなどやむを得ない事由があるときは、この限りでない。

　助産施設における助産を希望する妊産婦は、希望する助産施設などを記載した申込書を自治体に提出しなければならない。

　自治体は、妊産婦の助産施設の選択と助産施設の適切な運営を確保するため、所管区域内における助産施設の設置者、設備および運営などにかんする情報の提供をおこなわなければならない。

(5) 母子保護の実施

　自治体は、それぞれの設置する福祉事務所の所管区域内における保護者が、配偶者のない女子またはこれに準ずる女子であって、その者の監護すべき児童の福祉に欠けるところがある場合において、その保護者から申込みがあったときは、その保護者および児童を母子生活支援施設において保護しなければならない。ただし、やむをえない事由があるときは、適当な施設への入所のあっせん、生活保護法の適用など適切な保護をくわえなければならない。情報提供については助産の実施と同様である。

4　こども虐待の防止

(1) 虐待防止法の制定

　子どもにたいする虐待は、子どもの人権をいちじるしく侵害する行為であり、子どもの心身の成長および人格の形成に重大な影響をあたえる。子どもの健全な心身の成長と自立をうながすためには、子どもにたいする虐待を防止していかなければならない。そのために、2000（平成12）年に「児童虐待

の防止等に関する法律」が制定・施行され、2004（平成14）年には重要な改正がおこなわれている。何人も、子どもにたいし、虐待をしてはならず、また子どもの健全な成長のために良好な家庭的環境および近隣社会の連帯がもとめられていることに留意しなければならない。

(2) こども虐待の意味

こども虐待とは、保護者（こどもを現に監護する者）がその監護する子ども（18歳未満の者）についておこなう次にかかげる行為である。

身体的虐待	子どもの身体に外傷が生じ、または生じるおそれのある暴行をくわえること
性的虐待	子どもにわいせつな行為をすることまたは子どもにわいせつな行為をさせること
監護放棄	子どもの心身の正常な発達を妨げるようないちじるしい減食・長時間の放置などの保護者としての監護をいちじるしく怠ること
心理的虐待	子どもにたいするいちじるしい暴言、拒絶的な対応、配偶者への暴力などの子どもにいちじるしい心理的外傷をあたえる言動をおこなうこと

(3) 自治体等の責務

自治体・国は、子ども虐待を防止するために必要な体制の整備や子どもの人権、虐待の影響、通報義務などの広報に努めなければならない。

(4) 早期発見と通報

学校、児童福祉施設、病院など子どもの福祉に業務上関係ある団体や学校

の教職員、児童福祉施設職員、医師など子どもの福祉に業務上関係のある者は、子ども虐待を発見しやすい立場にあることを自覚して、子ども虐待の早期発見に努めなければならない。また、これらの者は、虐待防止にかんする自治体・国の施策に協力するよう努めなければならない。

　虐待をうけたと思われる子どもを発見した者は、すみやかに、これを直接または児童委員を介して、市町村、都道府県設置の福祉事務所または児童相談所に通告しなければならない。その通報をうけた市町村、都道府県設置福祉事務所または児童相談所の職員や仲介の児童委員は、その職務上知りえた事項で通告をした者を特定させるものを漏らしてはならない。

(5) 市町村の役割

　通告をうけた市町村などは、必要におうじ、近隣の人びと、学校教職員、児童福祉施設職員などの協力をえつつ、面接その他の手段により、子どもの安全の確認をおこなうよう努めるとともに、必要におうじ児童相談所へ送致する。

　また、市町村は、保育所に入所する子どもを選考する場合には、子ども虐待の防止のため、特別の支援を要する家庭の福祉に配慮しなければならない。

　さらに、自治体・国は、虐待をうけた子どもの教育や自立支援のための施策を講じていかなければならない。

5　ひとり親家庭

　ひとり親家庭（母子家庭および父子家庭）の福祉施策については母子および寡婦福祉法にさだめられている。

(1) 居宅等における日常生活支援

　自治体は、現に児童を扶養している配偶者のない者が、疾病などの理由で日常生活などに支障を生じたと認められるときは、その居宅などにおいて乳幼児の保育・食事の世話・専門的知識をもっておこなう生活・生業の助言・指導などをおこなうことができる。

(2) 特別配慮

　市町村は、保育所に入所する児童を選考する場合には、母子・父子家庭の福祉が増進されるように特別の配慮をしなければならない。
　また、自治体は、公営住宅の供給をおこなう場合には、母子家庭の福祉が増進されるように特別の配慮をしなければならない。

(3) 雇用の促進

　自治体・国は、就職を希望する母子家庭の母・児童の雇用促進をはかるため、事業主その他国民一般の理解をたかめるとともに、職業訓練の実施、就職のあっせん、公共的施設における雇いいれの促進など必要な措置を講ずるように努めなければならない。

〈第6章 資料〉

1 初婚平均年齢および生涯未婚率

年	初婚平均年齢（歳）		生涯未婚率（％）	
	夫	妻	男	女
1970（平成45）	26.9	24.2	1.70	3.33
1980（平成55）	27.8	25.2	2.60	4.45
1990（平成2）	28.4	25.9	5.57	4.33
2000（平成12）	28.8	27.0	12.57	5.82
2002（平成14）	29.1	27.4	—	—
2004（平成16）	29.6	27.8	—	—

注：初婚平均年齢は厚生労働省「人口動態調査」、未婚率は総務省「国政調査」による。

2 児童福祉施設の設置状況　　　　　　10月1日現在

施設区分	1990（平成2）年	2004（平成16）年
助産施設	635	460
母子生活支援施設	327	285
保育所	22,703	22,494
児童館	3,840	4,693
児童遊園	4,103	3,827
児童養護施設	533	556
児童家庭支援センター	-	49

注：厚生労働省「社会福祉施設等調査」による。

3　公営・私営別保育所数等の年次推移

各年 10 月 1 日現在

年	保育所数			定員（人）	在所児数（人）	在所率(%)
	総数	公営	私営			
1990（平成 2）	22,703	13,371	9,332	1,979,459	1,723,775	87.1
2000（平成12）	22,199	12,707	9,492	1,925,641	1,904,067	98.9
2002（平成14）	22,288	12,414	9,874	1,959,889	2,005,002	102.3
2004（平成16）	22,494	12,013	10,481	2,029,201	2,090,374	103.0

注：厚生労働省「社会福祉施設等調査」による。

4　児童虐待相談処理件数の推移

単位：件

年	2000（平成12）	2001（平成13）	2002（平成14）	2003（平成15）	2004（平成16）
件数	17,725	23,274	23,738	26,569	33,408

注：厚生労働省「社会福祉行政業務報告（福祉行政報告例）」による。

5　ひとり親家庭の推移

	母子世帯（千世帯）			父子世帯（千世帯）		
	総数	死別	生別	総数	死別	生別
1983（昭和58）	718.1	259.3	458.7	167.3	66.9	100.5
1988（昭和63）	849.2	252.3	596.9	173.3	62.2	111.2
1993（平成 5）	789.9	194.5	578.4	157.3	50.7	103.1
1998（平成10）	954.9	178.8	763.1	163.4	52.0	106.1
2003（平成15）	1,225.4	147.2	1,076.4	173.8	33.4	139.4

注：厚生労働省「全国母子世帯等調査」による。

第7章　自治体障害者福祉政策

1 障害者とは

(1) 障害者の区分

障害者とは、身体障害、知的障害または精神障害があるため、長期にわたり日常生活または社会生活に相当な制限をうける者をいう(障害者基本法2条)。

身体障害者は、身体上の障害がある者で、本人・保護者の申請にもとづき都道府県知事などから**身体障害者手帳**の交付をうけた者をいう。身体上の障害には、視覚障害、聴覚・平衡機能の障害、音声機能・言語機能・そしゃく機能の障害、肢体不自由、心臓・腎臓等の内部障害の5つがある。障害の程度によって1級から7級までに区分され、7級は肢体不自由のみであるが、7級が2つ以上重複すれば6級とされる（身体障害者福祉法4条）。1・2級が**重度**、3・4級が**中度**、5・6級が**軽度**とされている。

知的障害者とは、法律上の定義規定はないが、「先天的又は出生時ないし出生後早期に、脳髄になんらかの障害を受けているため、知能が未発達の状態にとどまり、そのため精神活動が劣弱で、学習、社会生活への適応がいちじるしく困難な状態」（1970年文部省定義）にある者をいう。知的障害の程度については、知能指数（IQ）によって、一般的に**重度**、**中度**および**軽度**とされているが、A（重度）・B1（中度）・B2（軽度）などに区分されることもある。知的障害者の申請にもとづき都道府県知事などが**療育手帳**（東

※ 知能指数（IQ）
IQ = intelligence quotient
知能の発達の程度をしめす数値であるが、絶対的なものではない。
次の公式によって計算され、知能指数100が標準的な発達をしめしている。
IQ＝精神年齢÷実際の年齢×100

京都では「愛の手帳」）を交付する。

精神障害者とは、統合失調症、精神作用物質による急性中毒またはその依存症、知的障害、精神病質その他精神疾患を有する者をいう（精神保健福祉法5条）。精神障害者の申請にもとづき都道府県知事などが**精神障害者保健福祉手帳**を交付する。

障害者の手帳制度は、本人であることとその障害の種別・状態を確認し、障害者サービスを利用しやすくするとともに、障害者全体の数を把握し、その施策に役立てることを目的としている。

なお、身体障害または知的障害のある18歳未満の者を「障害児」といっている（児童福祉法6条の2第2項）。

(2) 用語・呼称

「障害」「障害者」という用語・呼称については、差別的な意味合いがもたれることなどから疑問がだされている。「害」は、「害がある」とか「災害」などの使われ方のように、「悪」という評価をともなった印象がもたれる。そこでより客観的な事実の意味をもたせるために「障害」にかえて「障碍」または「障がい」もつかわれている。

また、障害は、障害をもつ人の一部の属性にすぎないことから、障害をもつ「者」すなわち「人」を強調すべきで、「障害者（disabled person）」から**「障害をもつ人（person with disability）」**へと見方をかえていく必要があろう。

※更生
「もとのよい状態にもどること」の意味で、障害者施策では「更生援助」「更生医療」「更生相談」「更生施設」などとして使用されているが、他の用法としては、「更生保護」（非行少年や犯罪者などの社会復帰のための事業）や「会社更生」（会社の再建）などとして使用されている。

※授産
産＝仕事を授けることで、障害者や生活困窮者の就労・技能修得のための「授産施設」などとして使用されている。

福祉法でつかわれる用語については、これまでに差別的なものの改正がおこなわれてきているが、「措置」「更生」「授産」などの用語についても一考を要するであろう。また、「保護」「指導」「啓発」などの受動的な用語も頻繁にでてくるが、人権・権利主体としての市民・障害者の観点から疑問を感じる。

(3) 障害の分類

　WHO（世界保健機関）が1980（昭和55）年に試案として提起した「国際障害者分類」では、障害を「機能障害（Impairments）」「能力障害（Disabilities）」および「社会的不利（Handicaps）」の3つのレベルでとらえていたが、社会的不利の分類項目が不十分であること、環境との関係が欠落していることなどの批判があった。
　そこで改定作業をすすめ、2001（平成13）のWHO総会において、あたらしい障害分類が採択された。その特徴点は、マイナス面の分類を中心とした考え方から生活機能というプラス面をみるように視点をかえたこと、環境因

【WHO国際生活機能分類】

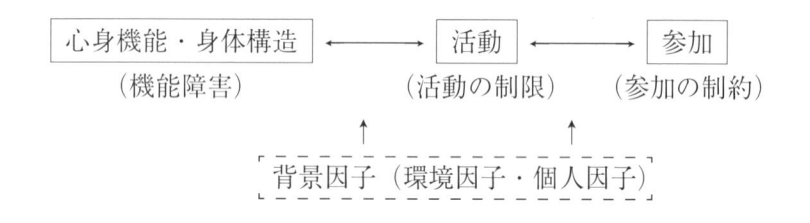

```
心身機能・身体構造 ←→ 活動 ←→ 参加
 （機能障害）      （活動の制限） （参加の制約）
              ↑      ↑
         背景因子（環境因子・個人因子）
```

※　WHO
　世界保健機関（World Health Organization）は、1946年に設立された保健衛生分野の国連専門機関で、ジュネーブに本部をおく。すべての人民が可能なかぎりのたかい水準の健康になることを目標に、国際保健事業の調整、伝染病の撲滅、公衆衛生の向上、医療・衛生などの国際基準の策定などひろい活動をおこなっている。

子などの観点をくわえたことなどである。

このような視点から、新らしい障害分類では、機能障害、能力障害および社会的不利に代えて、「心身機能・身体構造」、「活動」および「参加」という言葉を用いて、それぞれにおいて問題をかかえた状態を「機能障害」、「活動の制限」および「参加の制約」としている。

2　政策課題

(1) バリア・フリーの取組み

障害者の「参加と平等」がすすみ、定着してきているが、いまだ個人の意識や社会のなかに差別意識が根づよくのこっている。また、ハード面の道路、建物などの公共施設に段差・せまい通路・階段などがあることから安心してまちにでられる条件が十分にととのっているとはいえない。

自治体は、地域社会において障害を理由とした不当な差別がおこなわれないよう、個人の尊厳と人権を根底においた教育・広報などのとり組みを着実にすすめていく必要があろう（心のバリア・フリー）。それと同時に、ハード面において公共施設のみならず市民が利用する民間施設などについてもバリア・フリー化の誘導施策を推進していくことがもとめられる。

(2) 活動拠点の充実

障害者が、住みなれた家庭や地域で生活をいとなめるよう、相談機能、機能訓練、日常生活訓練、入浴・給食サービス、授産事業などを総合的に推進する地域の中心拠点の整備が望まれる。その代表的なものが障害者福祉センターであり、利用者などのニーズに十分こたえられない悩みをかかえている

ところもあるが、施設の建設・運営には障害者・家族など当事者の参加を欠かすことができない。また、近隣地域へ開かれた施設とするとともに、災害時などにおける地域との協力体制もととのえておくことも必要である。

(3) 就労の支援

　障害をもつ人が、障害のない人と同じように、その能力と適性におうじて、就労のできる社会の実現がもとめられる。国においては、**障害者雇用率制度**をもうけるなどして障害者の就業機会を拡大するための各種施策を推進してきているが、とくに民間企業においては、同法でさだめる雇用率を下まわるなど、障害者の就労はきびしい状況にある。

　一方、地域にあっては、一般の企業などに就労できない障害者の働く場あるいは訓練の場として、障害者・その家族やボランティアなどが中心となって授産施設や作業所を運営している。ここでは、自治体も運営費などの一部補助をおこなっているが、施設の確保、事業運営、仕事の受注などきびしい条件のもとにおかれている。障害者自立支援制度などは、**福祉的就労**から**一般雇用**への移行の促進もふくんでいることに留意しなければならない。

※　障害者雇用率制度
　民間企業、国および自治体は、「障害者の雇用の促進等に関する法律」にもとづき、以下の割合（法定雇用率）に相当する数以上の障害者を雇用しなければならない。障害者雇用率制度は、障害者が一般労働者と同じ水準において常用労働者となりうる機会をあたえることを目指している。

区　　分		規　模	法定雇用率（％）
民間企業	一般の民間企業	56人以上	1.8
	特殊法人・独立行政法人	48人以上	2.1
国・自治体	国・自治体の機関	48人以上	2.1
	自治体の教育委員会	50人以上	2.0

(4) 法制の整備

障害者関係の国法は、障害者施策の基本的理念などをさだめる障害者基本法、障害種別をこえた共通法としての障害者自立支援法、身体・知的・精神の障害対象別の個別法、障害をもつ子どもには児童福祉法というように錯綜している。そのうえに、制度改正も頻繁におこなわれ、内容も煩雑である。そこで、国法の体系的整備とわかりやすい内容とすることが望まれるが、当面の課題として、差別禁止、虐待防止をふくんだ障害者の権利保護にかんする法の制定がもとめられる。障害者の権利については、その拡充にむけた国際的な検討・協議もすすめられている。

一方、自治体にあっては、国法がなくても、障害者の差別禁止や虐待防止その他障害者の権利保護にかんする条例の制定によって国に先導した政策の展開をはかることができる。

3　政策の基本視点

(1) 当事者主義

日本においては、1981 (昭和56) 年の国際障害者年を契機とした中央政府のとり組みをうけて、自治体も障害者行動計画を策定し、全国的に障害者施策が展開されるようになった。ここで重要なことは、障害をもった本人・その家族などの当事者を中心とした運動と事業活動がそのおおきな推進力となっていることである。障害をもつ人にかかわる施策には、その特性を最大限に配慮する必要があるので、当事者のかかわりが不可欠である。

(2) 自立支援

　尊厳をもった個人の生き方は、みずからの選択と決定にもとづくことが基本である。障害をもつ人も、福祉サービスなどの社会資源を最大限に活用しながら、自己選択・自己決定にもとづく自立した生活をいとなめる社会でなければならない。

(3) 参加促進

　障害をもつ人自身が、社会活動をすることによって、みずからの自立への道がひらかれるとともに、障害をもつ人にたいする一般の人びとの理解もふかまる。
　障害をもつ人は、社会を構成する重要な一員として、社会・経済・文化その他あらゆる分野の活動に参加できなければならない。

4　障害者福祉施策

　障害をもつ人にたいする福祉施策は、主に障害別・年齢別に身体障害者福祉法、知的障害者福祉法、児童福祉法および精神保健及び精神障害者福祉に関する法律にもとづきおこなわれてきている。ところで、これら障害をもつ人には共通するところもおおいことなどから、これまでの個別法にもとづく実績をふまえ、障害者支援費制度をへて、障害者自立支援制度が2006（平成18）年4月1日からスタートした。
　これにともなって、障害をもつ人にたいする主要な施策は共通法としての障害者自立支援法にもとづいておこなわれることになった。しかし、それぞ

れの障害の特性にもとづく施策は、個別法にもとづきおこなわれていくことになる。したがって、自治体は、個別法にもとづく施策については、障害者自立支援法との連動・補完をはかりながら総合的に推進していく必要がある。

　個別法においては、相談対応・情報提供、福祉思想の普及、自立生活への総合的支援体制、保健・医療、就労、社会活動などについて、自治体の役割がさだめられている。

　また、対応がおくれがちな原因未解明・治療法未確立の難病をもつ者にたいする施策についてもできるかぎりの対応がもとめられる。

5　障害者自立支援制度

(1)　自立支援制度の創設

　2003（平成15）年4月に、身体障害者・児および知的障害者・児の福祉サービスの主要なものが措置制度から支援費制度に移行した。ところが、支援費制度により障害福祉サービスの利用者が急増したこと、障害種別間の格差がおおきいこと、サービス水準におおきな地域間格差があることなどから、改革が必要となった。

　そこで、障害種別ごとに異なる法律にもとづいて提供されてきた福祉サー

※難病
　難病は原因が未解明で、したがって治療法も未確立の病気であり、難病をもつ者の経済的負担と社会復帰が課題となっている。現在、国の難病対策要綱にもとづいて、121疾患が国の調査研究の対象となっており、このうちベーチェット病、重症筋無筋力症、スモン、再生不良性貧血、筋萎縮性側索硬化症、潰瘍性大腸菌、脊髄小脳変性症、クローン病、悪性関節リュウマチ、パーキンソン病関連疾患、網膜色素変性症などの45疾病が医療費公費負担の対象となっている。また、ホームヘルプサービスやショートステイなどの難病患者等居宅生活支援事業も実施され、自治体独自の手当の支給もおこなわれている。

ビスや公費負担医療などについて、共通の制度のもとで一元的に提供する仕組みとする障害者自立支援制度を創設する障害者自立支援法が2006（平成18）年4月1日から同年9月30日までの経過措置をもうけ、施行された。

改革の主要点は次のとおりであるが、この改革（?）には、障害者の負担増やサービスの切りさげの危惧から強い反対もあった。

　a　身体障害者、知的障害者および精神障害者にたいする給付を一つの制度体系とし、実施主体を市町村に一元化したこと
　b　障害種別ごとの複雑な施設・事業体系を再編し、あわせて地域生活支援事業、就労支援事業や重度障害者のサービスを創設したこと
　c　支援の必要度にかんする全国共通の客観的な尺度（障害程度区分）を導入し、審査会の審査・判定など支給決定プロセスの透明化をはかったこと
　d　国の費用負担の責任を強化するとともに、利用者も応分の費用負担をすることとしたこと

(2) 自立支援制度の目的

自立支援制度は、障害者基本法の基本理念にのっとり、障害者・児がその有する能力および適性におうじ、自立した日常生活および社会生活をいとなむことができるよう、必要な障害福祉サービスにかかる給付その他の支援をおこなうものである。これによって、障害者・児の福祉の増進をはかるとともに、障害の有無にかかわらず国民が相互に人格と個性を尊重し、安心して暮らすことのできる地域社会の実現に寄与することを目的としている（障害者自立支援法1条）。

(3) 市町村等の責務

① 市町村の責務

市町村は、障害者自立支援制度の実施責任者として次にかかげる責務を有している。
 a　市町村の区域における障害者・児の生活実態を把握した上で、公共職業安定所その他職業リハビリテーションをおこなう機関、教育機関その他の関係機関との緊密な連携をはかりつつ、必要な自立支援給付および地域生活支援事業を総合的かつ計画的におこなうこと
 b　障害者・児の福祉にかんし、必要な情報の提供、相談、調査、指導などをおこなうこと
 c　意思疎通に支援を必要とする障害者・児が障害福祉サービスを円滑に利用することができるよう必要な便宜の供与、障害者・児にたいする虐待の防止・早期発見のための関係機関との連絡調整その他障害者・児の権利擁護のために必要な援助をおこなうことこと

　② 都道府県の責務
自立支援制度においては、都道府県も重要な責務を有している。
 a　市町村が自立支援給付および地域生活支援事業を適正かつ円滑におこなえるよう、助言、情報提供などの援助をおこなうこと
 b　市町村と連携をはかりつつ、自立支援医療費の支給および地域生活支援事業を総合的におこなうこと
 c　障害者・児にかんする相談・指導のうち専門的な知識・技術を必要とするものをおこなうこと
 d　市町村と協力して障害者・児の権利擁護のために援助をおこなうとともに、市町村が障害者・児の権利擁護のための援助を適正かつ円滑におこなえるよう、助言、情報提供などの援助をおこなうこと

　③ 国
国は、自立支援給付および地域生活支援事業などが適正・円滑におこなわれるよう、市町村および都道府県にたいする必要な助言、情報提供その他の

援助をおこなう。

④ 国民

すべての国民は、その障害の有無にかかわらず、障害者・児がその有する能力および適性におうじ、自立した日常生活または社会生活をいとなめるような地域社会の実現に協力するよう努める。

(4) 自立支援システムの構成

障害者自立支援法にもとづく総合的な障害者自立支援システムは、自立支援給付と地域生活支援事業で構成されている。

① 自立支援給付

自立支援給付として、介護給付費、訓練等給付費、サービス利用計画作成費、高額障害者福祉サービス費、自立支援医療費および補装具費などの支給がおこなわれる。

② 地域生活支援事業

地域生活支援事業では、市町村の創意工夫によって、相談支援、コミュニケーション支援、日常生活用具の給付・貸与、移動支援、地域活動支援センター、居住支援、その他の日常生活・社会生活支援がおこなわれる。

(5) 障害福祉サービス

介護給付費および訓練等給付費の対象となるサービスが、**障害福祉サービス**である。

① 障害福祉サービスの種類

障害福祉サービスは、介護の支援をうける**介護給付**と訓練等の支援をうける**訓練等給付**に分けられ、各障害者の障害程度や勘案すべき事項（社会活動、介護者、居住などの状況）をふまえて、個別に支給決定がおこなわれる。市区町村の支給決定にもとづいて、給付対象となるサービスを利用する。

給付区分	サービス名	内容	対象者
介護給付	居宅介護	自宅で、入浴・排せつ・食事の介護などをうける。	身体・知的・精神
	重度訪問介護	重度肢体不自由者で常時介護を要する者が自宅で、入浴・排せつ・食事の介護および外出時の移動介護などをうける。	身体
	行動援護	自己判断能力が制限されている者が危険を回避するために必要な支援や外出時における移動介護をうける。	知的・精神
	療養介護	医療と常時介護を要する者が主として昼間、医療機関で機能訓練・療養管理・看護・介護および日常生活上の世話をうける。	身体・（知的・精神）
	生活介護	常時介護を要する者が昼間、入浴・排せつ・食事の介護、創作的活動または生産活動の機会の提供をうける。	身体・知的・（精神）
	児童デイサービス	障害児が、日常生活の基本的動作の指導、集団生活への適応訓練などをうける。	身体・知的
	短期入所	自宅における介護者の疾病などにより、障害者が施設に短期間、入所し、入浴・排せつ・食事の介護などをうける。	身体・知的・精神
	重度障害者等包括支援	介護の必要度のいちじるしく高い者が、居宅介護その他の障害福祉サービスの包括的な提供をうける。	身体・知的・精神障害者
	共同生活介護（ケアホーム）	主として夜間、共同生活の住居における入浴・排せつ・食事の介護などをうける	知的・精神

介護給付	施設入所支援（障害者支援施設での夜間ケア等）	施設入所者が、夜間・休日、入浴・排せつ・食事の介護などをうける。	身体・知的・精神
訓練等給付	自立訓練	一定期間、身体機能または生活能力の向上のために必要な訓練をうける。	身体・知的・精神
	就労移行支援	就労希望者が就労に必要な知識・能力の向上のために必要な訓練をうける。	身体・知的・精神
	就労継続支援	一般企業などに就労困難な者が、就労機会の提供や知識・能力向上のために必要な訓練をうける。	身体・知的・精神
	共同生活援助（グループホーム）	夜間・休日、共同生活の住居で相談その他日常生活上の援助をうける。	知的・精神

② 障害福祉サービスの利用手続

介護給付の場合におけるサービス利用手続についてのべる。この一連の手続きは、介護保険の利用手続に類似している。

●申請→●認定調査・概況調査→●一次判定（コンピュータ）→●二次判定（市町村審査会）→●障害程度区分認定・認定結果通知→●サービス利用意向聴取→●支給決定案の作成・審査会の意見聴取→●支給決定・支給決定通知→●サービスの利用→●給付費の支給・利用者負担

ア　申請

介護給付費の支給をうけようとする障害者本人または家族などは市町村に申請をする。

イ　認定調査・概況調査

市町村は、申請をうけると、障害程度区分を判定するために、認定調査員（市町村職員・委託先職員）が申請のあった本人および保護者などと面接し、医療、まひ等、移動・動作、身辺、行動、コミュニケーション、生活の状況を把握する項目（106項目）について**認定調査**をおこなう。調査員が判断に

迷うような場合には具体的状況や判断の根拠について「**特記事項**」に記載する。**概況調査**は、認定調査にあわせて、本人および家族などの状況、現在のサービス内容、家族からの介護状況などが記載される。

　また、市町村は、**医師意見書**の記載を医師（医療機関）に依頼する。

　　ウ　一次判定

　市町村は、認定調査の結果を国が配布する一次判定用ソフトウェアを導入したコンピュータに入力して、障害程度区分の１次判定処理をおこなう（コンピュータ判定）。

　　エ　二次判定

　市町村審査会（合議体）は、市町村の依頼をうけて、一次判定結果、特記事項および医師意見書の内容をふまえ、障害程度区分の審査をし、二次判定をおこなう。市町村審査会が必要と認めた場合には、本人、その家族、医師などから意見をもとめることができる。市町村審査会は、審査判定結果を市町村へ通知する。

　なお、市町村審査会は、審査判定業務をおこなうために設置され、その委員は、障害者・児の保健・福祉にかんする学識経験者のなかから市町村長が任命する。

　　オ　障害程度区分認定・認定結果の通知

　市町村は、市町村審査会の審査判定結果にもとづき、障害程度区分の認定をおこなう。介護給付における**障害程度区分**は、介護的側面を把握するためのもので、６段階に分類される。なお、障害児については、障害の状態が変化することなどから障害程度区分はもうけられない。市町村は、申請者に障害程度区分の認定結果を通知する。

　認定結果に不服があれば、都道府県知事に不服申立てをおこなうことができるが、認定結果にかんする疑問などについては第一義的に市町村が対応することになる。

　　カ　サービス利用意向聴取

　市町村は、認定結果が通知された申請者の支給決定をおこなうために、申

請者の介護給付にたいするサービスの利用意向を聴取する。

　キ　支給決定案の作成・審査会の意見聴取

　市町村は、障害程度区分やサービス利用意向聴取の結果などをふまえ、市町村がさだめる支給決定基準にもとづき、支給決定案を作成する。

　市町村は、支給決定案が当該市町村の支給基準とくい違いがあるような場合には、市町村審査会に意見をもとめることができる。市町村審査会は、意見をのべるにあたり、必要におうじて、関係機関、障害者・その家族、医師などの意見を聴くことができる。

　ク　支給決定・支給決定通知

　市町村は、障害者の心身の状況（障害程度区分）、社会活動・介護者・居住などの状況、サービスの利用意向および訓練・就労にかんする評価により支給決定をおこなう。**支給決定内容**として、障害福祉サービスの種類ごとに月を単位として、期間、支給量がさだめられる。また、市町村は、申請者に支給決定の通知をおこない、決定内容を記載した**障害福祉サービス受給者証**を交付する。なお、障害福祉サービスの種類・支給量などを変更する必要があるときは市町村に変更申請をすることができる。

　支給決定に不服があれば、都道府県知事に不服申立てをおこなうことができるが、決定にかんする疑問などについては第一義的には市町村が対応することになる。

　ケ　サービスの利用

　支給決定をうけた障害者または障害児の保護者は、事業者と**利用契約**をむすんでサービスを利用する。介護給付費の対象となる障害福祉サービスは、都道府県知事の指定をうけた指定障害福祉サービス事業者の当該指定にかかる障害福祉サービスである。サービスを利用するにあたって、必要な場合には、相談支援事業者から相談支援をうけることができる。**相談支援**とは、障害者・児の心身の状況・おかれている環境、サービス利用意向などの事情を勘案して、利用する障害福祉サービスの種類・内容・担当者などをさだめる計画（サービス利用計画＝ケアプラン）を作成し、その計画にもとづく障害

福祉サービスが確保されるよう、指定障害福祉サービス事業者などとの連絡調整をおこなうことである。これに要した費用については、**サービス利用計画費**が支給される。市町村は、この費用を利用者に代わり、事業者に支払うことができる。

コ　給付費の支給および利用者負担

介護給付費の額は、障害福祉サービスの種類ごとに指定障害福祉サービスなどに通常要する費用につき、厚生労働大臣がさだめる基準により算定した費用の額の100分の90に相当する額である。その費用の100分の10（1割）が**利用者負担**となる（定率負担）。利用者負担には所得におうじた月額負担上限額がもうけられており、それをこえる金額については、**高額障害福祉サービス**が支給される。なお、食費および光熱水費（実費全額）は自己負担である。

介護給付費は、市町村から障害者または障害児の保護者に支給される仕組みになっているが、実際上は、事業者設が利用者に代理して請求・支払いをうける。

〈月額負担上限額〉

一般（市町村民税課税世帯）	37,200 円
低所得2（市町村民税世帯非課税）	24,600 円
低所得1（市町村民税世帯非課税で年間収入80万円以下）	15,000 円
生活保護（生活保護世帯の属する者）	0 円

③　サービスの提供者

都道府県知事の指定をうけた事業者・施設が提供したサービスが、介護給付費および訓練等給付費の支給対象となる。障害福祉サービス事業者の指定は、障害福祉サービス事業をおこなう者の申請により、障害福祉サービスの種類および事業ごとにおこなう。都道府県知事が指定する場合には、申請者が法人であること、事業所の従業員の知識・技術および員数が一定の基準を

みたしていること、所定の設備・運営基準にしたがって適正な事業運営ができることなどの要件をそなえていなければならない。また、障害者支援施設の指定は、施設の設置者の申請により、施設障害福祉サービスの種類および当該障害者支援施設の入所定員をさだめておこなう。指定要件は、障害福祉サービス事業者と同じである。

相談支援事業者の指定は、手続・指定要件とも障害福祉サービス事業者と同じである。

(6) 自立支援医療

自立支援医療は、障害者・児につき、その心身の障害の状態の軽減をはかり、自立した日常生活・社会生活をいとなむために必要な医療で、これに要した費用が自立支援医療費として支給される。

① 支給認定
自立支援医療費の支給をうけようとする障害者または障害児の保護者は、市町村などに申請をし、その支給する旨の認定をうけなければならない。

市町村などは、申請にかかる障害者・児の心身の障害の状態からみて自立支援医療をうける必要があり、かつ、当該障害者・児またはそのぞくする世帯の他の世帯員の所得の状況、治療状況その他の状況を勘案して政令でさだめる基準に該当する場合には、自立支援医療の種類ごとに支給決定をおこなう。　市町村などは、支給認定をしたとき、都道府県知事が指定する医療機関（**指定自立支援医療機関**）のなかから、障害者・児が自立支援医療をうけるものをさだめる。

自立支援医療機関の指定は、病院・診療所・薬局の開設者の申請により省令でさだめる自立支援医療の種類ごとにおこなわれる。支給認定をしたとき、支給認定の有効期間、指定自立支援医療機関の名称などを記載した**自立支援医療受給者証**を交付しなければならない。

② 自立支援医療費の支給

市町村などは、支給認定にかかる障害者・児が支給認定の有効期間内に、指定自立医療機関から当該指定にかかる自立支援医療をうけたときは、当該指定自立支援医療に要した費用について、自立支援医療費を支給する。

自立支援医療費の額は、原則として、健康保険の療養に要する費用の額の算定方法の例により算定された額の100分の90に相当する額である。100分の10（1割）が利用者負担となる（定率負担）。利用者負担には、所得段階におうじて月額上限がもうけられている（生活保護：0円、低所得1：2,500円、低所得2：5,000円）が、さらに配慮措置がされている。入院時（更生・育成）の食費（標準負担額）は自己負担である。

(7) 補装具費の支給

補装具は、身体障害者・児の身体機能を補完または代替し、かつ、長期間にわたり継続して使用されるもの（義肢、装具、車椅子など）で、これらの購入・修理に要する費用が**補装具費**として支給される。

市町村は、身体障害者または身体障害児の保護者から申請があった場合において、当該申請にかかる身体障害者・児の障害の状態からみて、当該障害者・児が補装具の購入・修理を必要とする者であると認めるときは、当該補装具の購入・修理に要した費用について、補装具費を支給する。

補装具費の額は、補装具の購入・修理に通常要する費用の額を勘案して、厚生労働大臣がさだめる基準で算定した費用の額の100分の90に相当する額である。100分の10が利用者負担となる。利用者負担については、所得におうじて上限がもうけられる。

(8) 地域生活支援事業

① 市町村の事業

市町村は、地域生活支援事業として、次の事業をおこなうものとされている。

なお、都道府県は、市町村における地域生活支援事業の実施体制の整備状況などを勘案して、関係市町村の意見をきいて、当該市町村にかわって、これらの事業の一部をおこなうことができる。

事業区分	事業名	内容
法定事業	相談・情報提供・助言等事業	地域の障害者・児の福祉にかんする各般の問題について、障害者・児などからの相談におうじ、必要な情報提供や助言など
	権利擁護援助事業	障害者・児にたいする虐待の防止・早期発見のための関係機関との連絡調整など障害者・児の権利擁護のために必要な援助
	手話通訳者等の派遣事業	聴覚などの障害のため意思疎通をはかることに支障がある障害者・児に手話通訳などをおこなう者の派遣
	日常生活用具の給付・貸与事業	日常生活上の便宜をはかるための用具の給付または貸与など
	移動支援事業	障害者・児が円滑に外出することができるよう、障害者・児の移動の支援
	創作的活動等事業	障害者・児を地域活動支援センターなどの施設に通わせ、創作的活動や生産活動の機会の提供、社会との交流促進など
任意事業	その他の事業	障害者・児がその有する能力・適性におうじ自立した日常生活または社会生活をいとなむために必要な事業

② 都道府県事業

都道府県は、相談・情報提供・助言等事業および権利擁護援助事業のうち、とくに専門性のたかい相談支援事業、広域的な対応が必要な事業、障害福祉

サービスや相談支援をおこなう者などの育成事業などをおこなう。

(9) 障害福祉計画

① 基本指針
厚生労働大臣は、障害福祉サービス、相談支援および地域生活支援事業の提供体制を整備し、自立支援給付および地域生活支援事業の円滑な実施を確保するための基本的な指針（基本指針）をさだめる。

② 市町村障害福祉計画
市町村は、基本指針にそくして、障害福祉サービス、相談支援および地域生活支援事業の提供体制の確保にかんする計画（**市町村障害福祉計画**）をさだめる。

ア 計画事項
a　各年度における指定障害福祉サービスや指定相談支援の種類ごとの必要量の見込み
b　指定障害福祉サービスや指定相談支援の種類ごとの必要な見込量の確保策
c　地域生活支援事業の種類ごとの実施にかんする事項
d　その他必要な事項

イ 策定手続
障害福祉計画の策定にあたっては、障害者・児の数、障害の状況などの事情を勘案すること、障害者計画や地域福祉計画などと調和の保たれたものであること、あらかじめ市民の意見を反映させるために必要な措置（市民参加）を講ずべきことなどがさだめられている。

③ 都道府県障害福祉計画
都道府県は、基本指針にそくして、市町村障害福祉計画の達成に資するた

め、広域的な見地から、障害福祉サービス、相談支援および地域生活支援事業の提供体制の確保にかんする計画（都道府県障害福祉計画）をさだめる。

(10) 費用負担

① 市町村の支弁
市町村は、次にあげる費用を支弁する。
a 障害福祉サービスなどの支給に要する費用
b 自立支援医療費などの支給に要する費用
c 補装具費の支給に要する費用
d 地域生活支援事業に要する費用

② 都道府県の負担・補助
都道府県は、市町村が支弁する障害福祉サービス、自立支援医療費および補装具費などの支給に要する費用について、100分25（4分の1）を負担する。また、市町村の地域生活支援事業に要する費用の100分の25（4分の1）を補助することができる。

③ 国の負担・補助
国は、市町村が支弁する障害福祉サービス、自立支援医療費および補装具費などの支給に要する費用について、100分の50（2分の1）を負担する。また、介護給付費等の支給決定事務処理等および地域生活支援事業に要する費用の100分の50（2分の1）以内を補助することができる。

(11) 審査請求

障害者または障害児の保護者は、市町村長の介護給付費等にかかる処分に不服があるときは都道府県知事にたいし審査請求をすることができる。審査

請求は、処分のあったことを知った日の翌日から起算して原則60日以内に文書または口頭でする。

都道府県知事は、審査請求の事件をとり扱わせるために、条例でさだめるところにより、**障害者介護給付費等不服審査会**をおくことができる。審査会の委員は、人格高潔で、介護給付費等にかんする処分の審理にかんし公正・中立な判断をすることができ、かつ、障害者・児の保健・福祉にかんする学識経験を有する者のうちから、都道府県知事が任命する。

介護給付費などにかかる処分の取消の訴えは、当該処分についての審査請求にたいする裁決をへた後でなければ提起することができない。

(12) 介護保険制度との違い

介護保険および自立支援の両制度とも、措置から契約への転換を中心した利用者主体のサービス提供の仕組みであること、市民に身近な市町村が運営の主体となっていることなどでは共通している。しかし、これまでの支援費制度以上に両制度には共通点がおおく、大きな違いは財源と会計方式である。

財源については、利用者負担をのぞいて、自立支援制度が公費（税）で賄われる（租税方式）のにたいして、介護保険制度では保険料と公費（税）とによって半分ずつ賄われる（保険方式）。また、市町村における歳入歳出の会計について、支援費に要する経費は通常の予算である一般会計に計上されているが、介護保険では特定の歳入をもって特定の歳出にあてる特別会計がもうけられている。

なお、介護保険制度と障害者福祉制度の関係は介護保険制度が優先的に適用されるので、介護保険制度の対象となるサービスと自立支援制度の対象となるサービスとが重複する場合には、介護保険制度にもとづくサービスを利用することになる。

〈第7章　資料〉

1　身体障害者手帳交付台帳登載数　　　　　　　　　各年度末現在

年	視覚障害 (人)	聴覚・平衡 機能障害 (人)	音声・言語・ そしゃく 機能障害(人)	肢体不自由 (人)	内部障害 (人)	総数 (人)
1990（平成 2）	437,887	447,038	41,563	2,016,960	498,195	3,441,643
2004（平成16）	389,304	440,394	56,884	2,610,135	1,175,673	4,672,390

注：厚生労働省「社会福祉行政業務報告（福祉行政報告例）」による。2も同じ。

2　療育手帳交付台帳登載数（知的障害者）

　　2004（平成16）年度末現在：668,702人

3　精神障害者保健福祉手帳交付台帳登載数　　　各年度末現在

年	総数	人口10万対
1996（平成 8）	59,888	47.6
2004（平成16）	407,314	319.0

注：厚生労働省「保健・衛生行政業務報告（衛生行政報告例）」による。4も同じ。

4　特定疾患医療受給者証所持者数（難病者）

　　2004（平成16）年度末現在：541,148人（人口10万対423.8人）

5　障害者・児関係施設数　　　　　　　　　　　　10月1日現在

	身体障害者 更生援護施設	児童福祉施設 （障害児関係）	知的障害者 援護施設	精神障害者 社会復帰施設	施設総数
1990（平成2）	1,033	827	1,732	90	3,682
2004（平成16）	2,263	867	4,321	1,530	8,981

注：厚生労働省「社会福祉施設等調査」による。6も同じ。

6 事業所数 10月1日現在

事業名	2003（平成15）年	2004（平成16）年
身体障害者居宅介護等事業	6,802	8,559（81.8%）
知的障害者居宅介護等事業	4,516	5,967（77.7%）
児童居宅介護等事業	3,860	5,209（77.2%）
身体障害者デイサービス事業	996	1,118（38.5%）
知的障害者デイサービス事業	580	736（11.5%）
児童デイサービス事業	582	708　-
身体障害者短期入所事業	1,010	1,109（40.2%）
知的障害者短期入所事業	2,391	2,573（6.2%）
児童短期入所事業	1,699	1,888　-
知的障害者地域生活援助事業	2,850	3,569　-

注：2004年（　）内％は、事業所のうち介護保険法による指定割合

第8章　自治体生活困窮者福祉政策

1 生活保護制度の実施と原理・原則

諸般の事情から生活困窮におちいった者の生活を保障し、国民生活の「最後のトリデ」「最後のセーフティーネット」となるのが生活保護制度である。

(1) 生活保護制度の目的

生活保護制度の目的は、日本国憲法25条に規定する理念にもとづいて、国が生活に困窮するすべての国民にたいし、その困窮の程度におうじ、必要な保護をおこない、その**最低限度の生活を保障**するとともに、その**自立**を助長することである（生活保護法1条、以下本章では同法をさす。）。

日本国憲法25条は、「すべて国民は、健康で文化的な最低限度の生活を営む権利を有する。」として、国民の生存権を保障するとともに、「国は、すべての生活部面について、社会福祉、社会保障及び公衆衛生の向上及び増進に努めなければならない。」として国の責務をあきらかにしている。

重要な点は、生活保護の実施をとおして、生活に困窮する者の自立を助長していくことである。

(2) 生活保護事務の性質

国は、基本的に、すべての国民の最低限度の生活を保障する責任をおうが、被保護者は他の社会福祉制度などを利用する場合もおおく、また自立のための相談・助言は身近な自治体に適していることから、実際の仕事は市町村・都道府県の福祉事務所がおこなっている。

生活保護の事務の大半は法定受託事務で、国が本来はたすべき役割にかか

るものであるが、2000年分権改革における生活保護法の改正で、保護の実施機関（市長、福祉事務所を管理する町村長および都道府県知事）は、要保護者からの求めがあったときは、要保護者の自立を助長するために、要保護者からの相談におうじ、必要な助言をするとの規定が追加されたが（27条の2）、これは自治体が責任をもって処理すべき自治事務である。

なお、生活保護法にもとづく保護を現にうけている者を**被保護者**といい、現に保護をうけているといないとにかかわらず、保護を必要とする状態にある者を**要保護者**という。

(3) 実施機関

保護の実施機関とは、生活保護法にもとづき生活保護の要否およびその程度を決定し、実施する機関のことで、具体的には市長、福祉事務所を管理する町村長および都道府県知事である。

保護の実施機関は、保護の決定および実施にかんする事務の全部または一部をその管理にぞくする行政庁にかぎり、委任することができるものとされている。条例により設置された福祉事務所が行政庁にあたり、実際にも保護の実施機関から福祉事務所長に事務権限の委任がおこなわれている。委任された事務については、福祉事務所長の名と責任のもとに処理されることになる。

福祉事務所には、所長および現業をおこなう所員（ケースワーカー）などがおかれている。

※ **権限の委任と代理**
　権限の委任は、行政庁が法律でさだめられているみずからの権限の一部を他の行政庁に委譲することである。これによって委任をした行政庁は、その委任事務を処理する権限を失い、委任をうけた行政庁が自己の権限として自己の名と責任において委任をうけた事務を処理する。
　権限の代理は、行政庁の権限の全部または一部を他の行政機関が代理者として行使する。代理する者は、代理される行政庁の名においてその権限を行使し、その行為の結果は代理される行政庁の行為として効力を生じる。

なお、福祉事務所は、社会福祉法に規定する「福祉に関する事務所」で、市および都道府県には設置義務があるが、町村の場合には任意設置である。福祉事務所を設置していない町村の区域については、都道府県の福祉事務所が所管する。

(4) 生活保護の基本原理

生活保護法の解釈・運用は、次の4つの原理にもとづいておこなわれなければならない。

① 国家責任の原理
日本国憲法25条の理念にもとづき、国がその責任において生活困窮者にたいして最低限度の生活を保障するとともに、生活困窮者の自立を助長する。

② 無差別平等の原理
すべて国民は、生活保護法にさだめる要件をみたすかぎり、生活保護法による保護を無差別平等にうけることができる。

③ 最低生活保障の原理
生活保護法により保障される最低限度の生活は、健康で文化的な生活水準を維持することができるものでなければならない。

④ 保護の補足性の原理
生活保護は、生活に困窮する者がその利用しうる資産、能力その他あらゆるものをその最低限度の生活の維持のために活用することを要件としておこなわれる。

民法にさだめる扶養義務者の扶養および他の法律にさだめる扶助は、すべて生活保護法による保護に優先しておこなわれるものとする。

(5) 生活保護の実施原則

　生活保護制度の具体的な実施は、次の４つの原則にもとづいておこなわれなければならない。

　① 申請保護の原則
　生活保護は、要保護者、その扶養義務者またはその他の同居の親族の申請にもとづいて開始される。ただし、要保護者が急迫した状況にあるときは、保護の申請がなくても、必要な保護をおこなうことができる。

　② 基準および程度の原則
　生活保護は、厚生労働大臣がさだめる基準により測定した要保護者の需要をもととし、そのうち要保護者の金銭または物品でみたすことのできない不足分をおぎなう程度においておこなうものとする。
　厚生労働大臣がさだめる基準は、要保護者の年齢、性別、世帯構成別、地域別その他保護の種類におうじて必要な事情を考慮した最低限度の生活の需要をみたすに十分なものであって、かつ、これをこえないものでなければならない。

　③ 必要即応の原則
　生活保護は、要保護者の年齢別、性別、健康状態などその個人または世帯の実際の必要の相違を考慮して、有効かつ適切におこなうものとする。

　④ 世帯単位の原則
　生活保護は、世帯を単位としてその要否および程度をさだめるものとする。ただし、これによりがたいときは、個人を単位としてさだめることができる。

2　生活保護の種類・範囲・方法と保護施設

(1)　生活保護の種類・範囲・方法

　生活保護は、困窮のため最低限度の生活を維持することのできない者にたいして、次にあげる8種類の保護が単給または併給としておこなわれる。
　保護の方法には、金銭の給与・貸与による**金銭給付**と物品の給与・貸与、医療の給付、役務の提供その他金銭給付以外の方法による**現物給付**とがある。

①　生活扶助
　生活扶助は、衣食その他日常生活の需要をみたすために必要なものなどについて、原則として被保護者の居宅において金銭給付によっておこなわれる。
　介護保険の保険料部分もふくまれる。

②　教育扶助
　教育扶助は、教科書その他の学用品、通学用品および学校給食その他義務教育にともなって必要なものについて、原則として金銭給付によっておこなわれる。

③　住宅扶助
　住宅扶助は、住居および補修その他住宅の維持のために必要なものについて、原則として金銭給付によっておこなわれる。

④　医療扶助
　医療扶助は、診療、薬剤・治療材料、医学的処置・手術・その他の治療・

施術、居宅における療養上の管理・その療養にともなう世話その他の看護、病院・診療所への入院・その療養にともなう世話その他の看護および移送について、原則として現物給付によっておこなわれる。

　⑤　介護扶助

　介護扶助は、居宅介護、福祉用具、住宅改修、施設介護および移送について、原則として現物給付によっておこなわれる。

　介護保険の保険給付の自己負担分について給付される。

　⑥　出産扶助

　出産扶助は、分べんの介助、分べん前後の処置および脱脂綿・ガーゼその他の衛生材料について、原則として金銭給付によっておこなわれる。

　⑦　生業扶助

　生業扶助は、生業（生活のための仕事）に必要な資金・器具・資料、生業に必要な技能の習得（高等学校等就学をふくむ）および就労のために必要なものについて、原則として金銭給付によっておこなわれる。

　⑧　葬祭扶助

　葬祭扶助は、検案、死体の運搬、火葬・埋葬および納骨その他葬祭のために必要なものについて、原則として金銭給付によっておこなわれる。

　(2)　保護施設

保護施設には次の5つの種類がある。

　①　救護施設

　救護施設は、身体上・精神上いちじるしい障害があるために日常生活をい

となむことが困難な要保護者を入所させ、生活扶助をおこなうための施設である。

② 更生施設

更生施設は、身体上・精神上の理由により養護および生活指導を必要とする要保護者を入所させ、生活扶助をおこなうための施設である。

③ 医療保護施設

医療保護施設は、医療を必要とする要保護者にたいして医療の給付をおこなうための施設である。

④ 授産施設

授産施設は、身体上・精神上の理由または世帯の事情により就業能力のかぎられている要保護者にたいして、就労または技能の修得のために必要な機会および便宜をあたえて、その自立を助長するための施設である。

⑤ 宿泊提供施設

宿泊提供施設は、住居のない要保護者の世帯にたいして、住宅扶助をおこなうための施設である。

3 生活保護基準と保護の決定

生活保護の要否および支給される保護費は、厚生労働大臣がさだめる基準で測定される**最低生活費**と収入を比較して収入が最低生活費にみたない場合に保護を適用し、最低生活費から収入にあてられる金額（収入充当額）をさし引いた差額を保護費（扶助費）として支給する。

厚生労働大臣がさだめる基準（生活保護法による保護の基準）には、保護の種類ごとに保護の基準がさだめられている。

```
┌─────────────────────────────────┐
│         最 低 生 活 費           │
├─────────────────┬───────────────┤
│    収     入     │ ///////////// │
└─────────────────┴───────────────┘
                          ↑
                        保護費
```

収入としては、就労による収入、年金など社会保障の給付、親族による援助、交通事故の補償、預貯金、保険の払戻金、不動産などの資産の売却収入などが認定される。所得や資産などの状態を把握するために**資力調査**（ミー

≪生活保護費の決め方≫

区　分	計算式
最低生活費	生活扶助＋住宅扶助＋教育扶助＋介護扶助＋医療扶助 そのほか、出産、葬祭などがあれば、その基準額をくわえる。
収入充当額	平均月額収入－（必要経費の実費＋各種控除）
扶　助　額	最低生活費－収入充当額

※　**生活保護法による保護の基準**（厚生労働省告示）
　　　―居宅の場合―
　◎　**生活扶助基準**
　　　◇第1類…個人単位の経費（食費、被服費等）
　　　◇第2類…世帯単位の経費（光熱費、家具什器等）＋地区別冬季加算（11〜3月）
　　　◇各種加算…障害者加算、介護保険料加算など
　　　◇入院患者日用品費…病院・診療所に入院している被保護者の一般生活費
　　　◇期末一時扶助…年末（12月）の特別需要に対応
　　　◇一時扶助…保護開始時、出産に支給
　◎　**教育扶助基準**…一般基準＋学校給食費＋通学交通費＋教材代
　◎　**住宅扶助基準**…家賃・間代・地代、住宅維持費
　◎　**医療扶助基準**…国民健康保険および老人保健の診療方針・診療報酬の例による。
　◎　**介護扶助基準**…介護保険の介護方針・介護報酬の例による。
　◎　**出産扶助基準**…居宅分娩、施設分娩
　◎　**生業扶助基準**…生業費、技能修得費、就職支度費
　◎　**葬祭扶助基準**…葬祭の経費

ンズテスト）がおこなわれる。

なお、生活保護法による保護の基準は、健康で文化的な最低限度の生活をいとなむための最低生活費とみなされること、他制度においてもこの基準が用いられることなどから、生活保護制度の中心となるものである。

4　被保護者の権利・義務等

被保護者の権利・義務は、以下のとおりである。

①　被保護者の権利
a　不利益変更の禁止
　　被保護者は、正当な理由がなければ、すでに決定された保護を不利益に変更されることがない。
b　公課禁止
　　被保護者は、保護金品を標準として租税その他の公課を課せられることがない。
c　差押禁止
　　被保護者は、すでに給与をうけた保護金品またはこれをうける権利を差し押さえられることがない。

※　満期保険金の収入認定
最高裁平成16年3月16日第三小法廷判決（要旨）
1　生活保護法の趣旨目的にかなった目的と態様で保護金品等を原資としてされた貯蓄等は収入認定の対象とすべき資産にはあたらない。
2　被保護世帯において、最低生活を維持しつつ、子弟の高等学校修学のための費用を蓄える努力をすることは、生活保護法の趣旨目的に反しない。
3　被保護世帯において子弟の高等学校修学の費用に充てることを目的として加入した学資保険の満期保険金の一部について収入認定をし、保護の額を減じた保護変更決定処分は違法である。

d 不服申立て

　被保護者は、生活保護の決定にかんして不服がある場合には、不服申し立てをすることができる。この場合、市町村長が保護の決定・実施事務を福祉事務所長に委任した場合の審査請求は道府県知事にたいしておこなう。都道府県知事の裁決に不服がある者は、厚生労働大臣にたいして再審査請求をすることができる。

e 訴訟

　審査請求にたいする裁決をへた後でなければ、処分の取消しの訴えを提起することができない。

② 被保護者の義務

a 譲渡禁止

　被保護者は、保護をうける権利をゆずりわたすことができない。

b 生活上の義務

　被保護者は、つねに能力におうじて勤労にはげみ、支出の節約をはかり、その他生活の維持・向上に努めなければならない。

※ 不服申立ての種類

種別	申立て先	できるとき	判断行為	判断行為の内容
異議申立て	処分庁・不作為庁	処分庁・不作為庁に上級庁がないとき、または法律に定めがあるとき	決定	却下（要件不備で、審理しない） 棄却（理由なしで、申立てを認めない） 認容（理由ありで、申立てを認め、処分の取消・変更等）
審査請求	処分庁・不作為庁以外の行政庁または法律・条例に定める行政機関	処分庁に上級庁があるとき、または法律・条例に定めがあるとき	裁決	
再審査請求	法律・条例に定める行政機関	法律・条例に定めがあるとき	裁決	

c　届出の義務

　　被保護者は、収入・支出その他生計の状況について変動があったとき、または居住地・世帯の構成に異動があったときは、すみやかに、保護の実施機関または福祉事務所長にその旨を届けでなければならない。

d　指示等にしたがう義務

　　被保護者は、保護の実施機関が生活保護法の規定にもとづき、救護施設などの施設入所などを決定したとき、または必要な指導・指示をしたときは、これにしたがわなければならない。また、保護施設を利用する被保護者は保護施設の管理規定にしたがわなければならない。

e　費用返還義務

　　被保護者が、急迫の場合などにおいて資力があるにもかかわらず、保護をうけたときは、すみやかに、そのうけた保護金品に相当する金額の範囲内において保護の実施機関のさだめる額を返還しなければならない。

③　罰則

不実の申請その他不正な手段により保護をうけ、または他人をしてうけさせた者は、3年以下の懲役または30万円以下の罰金に処せられる。

5　法外援護

市町村は、生活保護法にもとづく給付以外に地域の人びとの現実の必要から、生活保護の受給世帯（被保護世帯）や受給世帯以外の生活困窮者にたいする給付をおこなっている。いわば、国法の上乗せ・横だしとておこなっている自治体独自の事業であり、生活保護法の対象外とされている事業であるので「**法外援護**」とよばれている。

生活保護受給世帯にたいしては、保護基準をこえる生活費、保護対象外

の医療費、学童服・運動着代、修学旅行支度金などがある。

　生活保護受給世帯以外の世帯にたいしては、生計をたてるのに必要な生活資金の貸付、医療費、旅費などがある。

　これらの事業に要する費用は、多額なものではないが、自治体の一般財源によって賄われることから、見直しがおこなわれている。

　また、これらの事業の根拠は、条例、規則、告示、要綱などまちまちである。あるいは、予算措置だけによっている自治体もある。いわゆる受益的な行為であるが、税の配分にかかわることであり、基本的には条例によるべきである。

6　生活保護制度の課題

　生活保護制度のあり方をめぐっては、保護か保障かといった制度の基本理念から国籍要件、世帯単位、生活扶助基準など制度面においてもおおくの論点が提起されているが、運用面における課題として次のものがあげられる。

① 保護の資格要件としての収入・資産については、その資力調査において一定程度までその保有を認めること

　これは、利用しうる資産、能力その他あらゆるものを活用することを要件として保護がおこなわれるとの規定（4条1項）をできるかぎり緩和することである。このことが「自立を助長」することにつながっていくことにもなる。

② 生活保護を利用する（受ける！）ことにともなうスティグマ（汚名の烙印）の払拭

　生活保護は、権利にもとづくものだといっても、資格要件や資力調査の関係もあってその利用にはスティグマがともなう。真に制度利用を必要とする

者に利用しやすく、また漏れ（漏給）のないようにしなければならない。それには、ひろく一般の理解をうるための制度のＰＲなども必要である。もっとも制度の悪用（乱給）はあってはならない。

③　生活保護事務をになう福祉事務所の職員体制の強化と援助過程を重視すること

　職員体制については、自治体間のみならず、同一自治体内のケースワーカーの間にも知識・技術面において格差がある。適材の配置とともに研修・常時の訓練を心がけることが必要である。援助過程については、民生委員その他の相談機関や福祉施設・医療機関など関連機関との十分な連携をはかることである。

④　国民年金未納者の生活保護問題にたいする対策

　国民年金の未納者が増大し、その空洞化が指摘されているが、将来、年金受給権をもたない者が生活保護制度を利用することが予想される。福祉事務所と国民年金所管庁との協力体制を機能させていかなければならない。

⑤　外国人への対応

　地域により違いがあるが、地域に滞在する生活に困窮している外国人への柔軟な対応がもとめられる。生活保護法の対象が日本国民を想定している（１条）が、国際化社会において在留外国人にたいする保護のあり方について法整備も必要となる。

<第8章 資料>

1　被保護世帯数・世帯類型別被保護世帯数の推移　　　（1か月平均）

年	総数	高齢者世帯	障害・傷病者世帯	その他の世帯	母子世帯
1990（平成2）	623,755	231,609	267,091	50,637	72,899
1995（平成7）	601,925	254,292	252,688	41,627	52,373
2000（平成12）	751,303	341,196	290,620	55,240	63,126
2004（平成16）	998,887	465,680	349,844	94,148	87,478

注：厚生労働省「社会福祉業務報告（福祉行政報告例）」による。2・3も同じ。

2　被保護実人員・扶助の種類別扶助人員の推移　　　単位：人（1か月平均）

年	被保護実人員	生活扶助	医療扶助	住宅扶助	介護扶助	その他
1990（平成2）	1,014,842	889,607	711,268	730,134		120,002
1995（平成7）	882,229	760,162	679,826	639,129		90,590
2000（平成12）	1,072,241	943,025	864,231	824,129	66,832	99,260
2004（平成16）	1,423,388	1,273,502	1,154,521	1,143,310	147,239	135,272

3　保護開始の主な理由別世帯数の推移　　　各年度9月中保護開始

年	総数	傷病による	急迫保護で医療扶助単給	要介護状態	働きによる収入の減少・喪失	社会保障給付金・仕送りの減少・喪失	貯金等の減少・喪失	その他
2000（平成12）	14,681	6,347	2,323	41	2,878	599	1,500	993
2004（平成16）	17,050	6,833	2,647	61	3,484	766	2,269	990

4　保護施設数・定員の推移

年	施設数	定員(人)
1990（平成2）	351	22,287
1995（平成7）	340	21,780
2000（平成12）	296	19,881
2004（平成16）	297	20,563

注：厚生労働省「社会福祉施設等調査」による。

第9章　自治体健康政策

市町村は、地域でくらす人びとの健康づくり、老人保健および母子保健の実施主体となっており、また医療保険である国民健康保険（国保）の保険者でもある。

　市町村は、地域の人びとにもっとも身近な政府として、人びとの健康づくりの環境整備や保健・医療事業を一体的に実施し、さらに福祉政策と連動させて、効果的な政策展開をはかっていかなければならない。

1　健康づくり

（1）　疾病構造の変化

　日本では、急速な人口の高齢化がすすむなかで、疾病構造がおおきく変化し、がん（悪性新生物）、心臓病、脳血管疾患などの生活習慣病が増加し、これが原因となって、介護を必要とする高齢者がふえている。**生活習慣病**とは、食事、運動、喫煙、飲酒などの生活習慣に起因する疾病である。不適切な生活習慣がつづくことにより、肥満、高血圧、糖尿などの状態になり、無自覚なまま生活習慣病が発症・進行し、放置することによって重い症状と生活の質のいちじるしい低下につながっていく。このため、病気が発症する前から生活習慣をかえることによって、疾病の発症や進行を予防することにむすびついていくことが重要である。

　そこで、これまでの病気の早期発見・早期治療を重視する**二次予防**から、生活習慣の見直しや生活環境の改善により病気の発生そのものを予防する**一次予防**の考え方への転換がもとめられている。

（2）　健康づくり対策

① 健康日本21

　生活習慣病を予防し、国民の積極的な健康づくりをおこなう必要があることから、厚生労働省は、すべての国民が健やかで心豊かに生活できる活力ある社会とすることを目的として、21世紀における国民健康づくり運動（「健康日本21」）をおこなってきている。

　この運動は、寝たきりや認知症などにより要介護状態にならずに、健康に生活できる期間（健康寿命）をより長くすることや生活の質の向上を目ざしている。このなかで、2010年を目途とした栄養・食生活、身体活動・運動など9分野にわたる70項目の具体的な数値目標がかかげられ、その達成を目ざし、自治体・国・医療保険者などのさまざまな主体により各種のとり組みがおこなわれている。

　この健康日本21にもとづく国民の健康づくり・疾病予防の推進にむけた法的な基盤を整備するため、2002（平成14）年に健康増進法が公布され、2003年（平成15）5月1日から施行されている。

② 健康増進法

　健康増進法は、国民の健康増進の総合的な推進にかんし基本的な事項をさだめるとともに、国民の健康増進をはかるための対策を講じて、国民保健の向上をはかることを目的としている。このなかに、自治体・国は健康増進にかんする正しい知識の普及、情報の収集・整理・分析・提供や関係者にたいする必要な技術的援助に努めること、保険者・市町村は地域の人びとの健康増進事業の積極的な推進に努め、他の関係機関と相互に連携・協力することなどの責務規定がもうけられている。

　また、自治体は、地域の特性や人びとのニーズをふまえて、次のような施策をすすめていかなければならないものとされている。

　ア　総合的・計画的な健康増進対策

　市町村は、地域の人びとの健康増進にかんする施策についての計画（市町

村健康増進計画）をさだめるよう努めなければならない。この計画の策定にあたっては、厚生労働大臣のさだめる基本方針および都道府県のさだめる健康増進計画を勘案することとされているが、市町村にはこれまでの実績を生かし、市民参加による計画の策定とその推進がもとめられる。

　イ　生涯をつうじた保健事業

　これまでの保健事業は、母子保健、学校保健、産業保健、高齢者保健など対象者別にばらばらに実施されてきている。このようなやり方は、個々人の生涯をつうじた健康管理に生かされないという問題が指摘されてきた。そこで、誕生→入学→就労→退職→死亡という、一生涯をつうじて、個人が自分の健康管理に積極的にとり組める条件整備が必要とされ、厚生労働大臣は健康診査の実施などにかんする指針をさだめ、医療保険各法などにもとづく保健事業の実施基準などはこの指針と調和がとれたものでなければならないものとされた。

　市町村は、高齢者保健、母子保健の実施者および国民健康保険の保険者として、地域の人びとが生涯をつうじた健康管理をおこなえるような条件整備をおこなっていかなければならない。

　ウ　保健指導等

　市町村は、地域の人びとの栄養・食生活にかぎらず、さまざまな生活習慣の改善にかんする相談や保健指導におうじなければならない。

　エ　受動喫煙の防止

　学校、官公庁施設など多数の者が利用する施設を管理する者は、**受動喫煙**（室内またはこれに準ずる環境において、他人のたばこの煙を吸わされること）を防止するために必要な対策を講ずるよう努めることとされ、ここでも市町村の積極的な役割が期待されている。喫煙者がすい込む主流煙よりも、たばこの点火部から立ちあがる副流煙のほうが有害物質がおおいといわれている。

2　母子保健

　市町村は、母子保健事業にかんし母子保健事業計画を策定し、計画的に事業を実施している。母子保健法にさだめる**母子保健の原理**は、次のとおりである。なお、「父子」についての検討も必要であろう。
　a　母性は、すべての児童がすこやかに生まれ、かつ、育てられる基盤であることにかんがみ、尊重され、かつ、保護されなければならない。
　b　乳児および幼児は、心身ともに健全な人として成長してゆくために、その健康が保持され、かつ、増進されなければならない。
　自治体・国は、母性および乳幼児の健康の保持および増進に努めなければならない。なお、乳児および幼児は児童福祉法とおなじ意味であるが、**妊産婦**は妊娠中または出産後1年以内の女子をいい、**新生児**は出生後28日を経過しない乳児をいうものとされている。

①　知識の普及

　自治体は、母性・乳児・幼児の健康の保持・増進をはかるため、妊娠・出産・育児にかんし、相談におうじ、個別的・集団的に必要な指導・助言をおこなう。また、地域の人びとの活動を支援することなどにより、母子保健にかんする知識の普及に努めなければならない。

②　保健指導

　市町村は、妊産婦、その配偶者または乳児・幼児の保護者にたいして、妊娠・出産・育児にかんし、必要な保健指導をおこない、または医師、歯科医師、助産師あるいは保健師の保健指導をうけることを勧奨しなければならない。

③ 新生児の訪問指導

市町村は、保健指導において当該乳児が新生児であって、育児上必要があると認めるときは、医師、保健師、助産師またはその他の職員をして当該新生児の保護者を訪問させ、必要な指導をおこなわせなければならない。

④ 健康診査

市町村は、満1歳6か月をこえ満2歳に達しない幼児および満3歳をこえ満4歳に達しない幼児にたいし、健康診査をおこなわなければならない。

また、市町村はこれ以外に必要におうじ、妊産婦・乳児・幼児にたいして、健康診査をおこない、または健康診査をうけることを勧奨しなければならない。

⑤ 栄養の摂取にかんする援助

市町村は、妊産婦・乳児・幼児にたいして、栄養の摂取につき必要な援助をするよう努めなければならない。

⑥ 母子健康センターの設置

市町村は、必要におうじ、母子健康センターを設置するように努めなければならない。母子保健センターは、母子保健にかんする各種の相談におうじ、母性・乳児・幼児の保健指導をおこない、またはこれらの事業にあわせて助産をおこなう施設である。

3 高齢者保健

高齢期における人びとの健康の保持と適切な医療の確保をはかるため、疾病の予防、治療、機能訓練などの保健事業を総合的に実施することにより国

民保健の向上および高齢者福祉の増進をはかることを目的に老人保健法が制定されている。

同法にさだめる**老人保健の基本理念**は、次のとおりである。

a 国民は、自助と連帯の精神のもとづき、みずから加齢にともなって生ずる心身の変化を自覚して、つねに健康の保持増進に努めるとともに、高齢者医療に要する費用を公平に負担しなければならない。

b 国民は、年齢、心身の状況などにおうじ、職域・地域・家庭において、高齢期における健康の保持をはかるための適切な保健サービスをうける機会をあたえられるものとする。

自治体は、このような基本理念にもとづき地域の人びとの高齢期における健康の保持をはかるため、保健事業が健全かつ円滑に実施されるよう適切な施策を実施しなければならない。

市町村がおこなう保健事業は、おおきく医療等以外の保健事業と医療等にわけられる。医療等以外の保健事業にかんしては、高齢者福祉計画と一体のものとして策定されている高齢者保健計画にもとづき推進されている。

(1) 高齢者保健事業

市町村は、高齢期における健康の保持・増進をはかるためには中年からの健康管理を欠かすことができないことから40歳以上の者にたいし、次のような**保健事業**をおこなっている。これは、介護予防のうえからも重要な事業である。

- **健康手帳の交付**…健康手帳は健康診査の記録など中高齢期における健康保持のために必要な事項を記載するもので、みずからの健康管理と適切な医療の確保に役だてるため交付する。
- **健康教育**…心身の健康についての自覚をたかめ、また心身の健康にかんする知識を普及・啓発するための指導・教育をおこなう。
- **健康相談**…心身の健康にかんし、相談におうじ、指導・助言をおこなう。
- **健康診査**…心身の健康を保持するための診査および診査にもとづく指導をお

こなう。
- ○ 機能訓練…疾病、負傷などにより心身の機能が低下している者にたいし、その維持回復をはかり、日常生活の自立をたすけるための訓練をおこなう。
- ○ 訪問指導…心身の状況・おかれている環境などにてらして療養上の保健指導が必要であると認められる者について、保健師その他の者を訪問させて指導をおこなう。

(2) 高齢者医療

① 医療給付

市町村は、75歳以上の者（65歳～74歳で政令にさだめる程度の障害の状態があり市町村長の認定をうけた者をふくむ）にたいして、次のような医療給付をおこなっている。
- ○ 医　療.…疾病・負傷にかんしておこなわれる診療、薬剤・治療材料の支給、処置・手術などの治療等をおこなう。
- ○ 入院時食事療養費の支給…病院・診療所への入院・療養看護とあわせてうけた食事療養にかかった費用のうち標準負担額をこえた金額を「入院時食事療養費」として支給する。
- ○ 高額医療費の支給…一部負担金（原則として医療費の1割）がきめられた自己負担限度額をこえた金額を高額医療費として支給する。
- ○ その他老人訪問看護療養費の支給など

② 高齢者医療制度改革

高齢者医療制度については、現行の老人保健制度を廃止し、高齢者を前期（65歳～74歳）と後期（75歳以上）に分けた新たな仕組みが2008（平成20）年度からもうけられることになっている。

とくに、おおきく変わるのは、後期高齢者の制度で、現行の国保加入者および政管健保加入者がすべて加入する独立保険を新設することである。その内容は患者の自己負担をのぞく保険給付が、原則として5割を公費（国・都道府県・市町村）、4割を各医療保険からの支援金でまかない、1割を加入

者の保険料負担としようとするものである。保険料は都道府県ごとの定額とし、保険料の徴収は市町村が担当し、基本的には加入者の年金から天引きする仕組みの導入が検討されている。

4　国民健康保険

(1)　医療保険制度

　日本の医療保険制度では、国民はいずれかの公的な医療保険に必ず加入する（**強制加入**）ことになっている（**国民皆保険制度**）。医療保険は、加入者の疾病、負傷、出産または死亡にかんして必要な保険給付をおこなうことを目的とした支え合いの仕組みで、社会保険の一つである。

　この医療保険制度は、対象者によって、健康保険、船員保険（疾病部門）、共済組合（短期給付）および国民健康保険に分立しており、保険料の格差などから制度の一本化がおおきな課題となっている。なお、高齢者医療については前述の老人保健制度がある。

〈日本の医療保険制度〉

区分	種類	名称	保険者	被保険者（加入者）
職域保険（被用者保険）	健康保険	組合管掌健康保険 政府管掌健康保険	健康保険組合 国	大企業の被用者等 中小企業の被用者等
	船員保険		国	船員
	共済組合	国家公務員共済組合 地方公務員等共済組合 私立学校教職員共済組合	共済組合 共済組合 事業団	国家公務員 地方公務員等 私立学校教職員
地域保険	国民健康保険	一般 国民健康保険組合 退職者医療制度	市町村 国民健康保険組合 市町村	自営業者・農業者等 同業種（弁護士等）
老人保健			市町村（実施主体）	75歳以上

(2) 国民健康保険

① 保険者

　国民健康保険（国保）は、市町村などの居住地域を単位として適用され、その地域の自営業者、農民などを対象としているので、**地域保険**とよばれる。これに対して、健康保険などは、事業所を単位として適用し、その事業所で使用されている人（被用者）を対象としているので、**職域保険**（「被用者保険」）とよばれる。市町村は、国民健康保険事業をおこなう保険者である。なお、国民健康保険には、同種の事業・業務に従事する者（弁護士、税理士、建設業など）で組織する国民健康保険組合によるものもある。

② 被保険者

　保険加入者である被保険者は、当該市町村の区域内に住所を有する者で、商業・農業・漁業などの自営業者とその扶養家族、パート・アルバイトなどで健康保険に加入していない者、退職などにより健康保険の加入者でなくなった者などである。被保険者には、国保の被保険者であることの証明書である**国民健康保険被保険証**が交付される。また、70歳〜74歳の人には**高齢受給者証**もあわせて交付される。医療をうけるときにこれらを医療機関の窓口に提示する。なお、生活保護受給者は、医療扶助をうけることができ、国民健康保険の被保険者になれない。

③ 保険給付

　国民健康保険では、被保険者の疾病、負傷、出産、または死亡にかんし必要な給付がおこなわれる。保険給付としては、診療、薬剤、手術その他の治療、居宅における療養上の管理、病院・診療所への入院、看護、療養費・出産育児一時金・葬祭費の支給などである（**法内給付**）。また、市町村により、条例などにもとづいて独自の給付もおこなわれている（**法外給付**）。

④ 利用者負担

医療をうけたときは、年齢や収入などにおうじた一定割合を一部負担金として支払わなければならない。また、入院したときは、食費の一部負担がある。なお、一部負担金が高額になり、所得区分におうじた限度額をこえたときは、こえた額が**高額療養費**として、払い戻しをうけられる。

⑤ 保険財政
ア 保険料（税）

保険者は、国民健康保険事業に要する費用にあてるため、世帯主から国民健康保険料を徴収しなければならないとされているが、地方税法にもとづく**国民健康保険税**を課すことができ、実際には、税方式をとる市町村がおおい。

租税は、無償かつ強制的に徴収されるが、保険料はその納付の対価として保険事故が発生した場合に保険給付をうけるものであるから無償とはいえない。国民健康保険税は、いわばその納付の対価として病気などの保険事故が発生したときに保険給付をおこなうものであるから、その本質は税でなく、保険料である。国民健康保険税は、このような本質的には保険料であるものを徴収上の便宜から税の形式をとっているのである。

国民健康保険制度の発足当初は、保険料および一部負担金でまかなうものとされていたが、徴収状況がよくなかったことから、1951（昭和26）年に国民健康保険税が創設され、現在、約9割の市町村が「料」でなく「税」によっている。

国民健康保険料（税）は、市町村がその年度の医療費の総額を推計し、国などの補助金などを差し引いた額を各世帯に割りあてる。この割りあては、

※ 保険料の性格
　国民健康保険条例に支払い保険料が明示されていないのは、租税法律主義に反するとして争われた裁判で、最高裁大法廷は「国保料は、租税ではなく、憲法84条は直接適用されないが、税に似た性質を有しており、同条の趣旨が及ぶ」と判示している（平成18年3月1日判決）。

市町村が次の4つのなかから、組合せをきめ、一世帯当たりの年間保険料（税）が決定される。

所得割	その世帯の所得におうじて算定
資産割	その世帯の資産におうじて算定
均等割	加入者1人当の金額で算定
平等割	1世帯当の金額で算定

　国民健康保険料（税）の納付義務者は各世帯の世帯主になる。納付義務者は、市町村が決定した年間保険料（税）をきめられた納期までに納めなければならない。なお、介護保険の第2号被保険者（40歳～64歳）は、介護保険料の納付義務もあり、医療分と介護分を一括して国保の保険料（税）として納めなければならない。

　国民健康保険料（税）を滞納すると、滞納期間におうじて、保険証の有効期間の短縮、全額払い、保険給付の一時差止めのほか財産差押えなどがおこなわれる。

　イ　国の負担金

　国は、市町村にたいし、療養の給付および療養費などの支給に要する費用などの34％を負担することとされている。

　ウ　一般会計からの繰入れ

　国保財政は、保険料（税）の引上げが困難なことなどから、一般会計からの法定外の繰入をおこなっているものの、赤字決算できびしい運営を強いられている保険者がおおい。とくに、国保は、加入者の平均年齢がたかく、かつ、所得がひくいという構造的な問題をかかえており、医療費が増大していることから、他の医療保険制度との間に保険料負担におおきな格差・不公平が生じている。そこで、都道府県単位を基本とした保険者の再編・統合と後期高齢者の医療制度の導入が緊急課題となっている。

⑥　退職者医療制度

企業・役所などの退職者で、年金受給者およびその扶養家族は、老人保健制度の適用をうけるまで「退職者医療制度」により医療をうけることになる。
　対象者は、次の3つの条件にあてはまる者（退職被保険者本人）とその扶養者である。
　a　国民健康保険に加入していること
　b　老人保健制度の適用をうけていないこと
　c　厚生年金・共済年金の老齢年金をうけ、その加入期間が20年以上もしくは40歳以降10年以上あること
　市町村から**国民健康保険退職被保険者証**が交付され、医療をうけるときは、医療機関の窓口に提出し（70歳〜74歳の者は高齢受給者証も提示）、一部負担金を支払う。

〈第9章　資料〉

1　医療費の推移　　　　　　　　　　　　　　　　　　単位：兆円

年	総計	被用者保険	国民健康保険	高齢者
2000（平成12）	29.4	9.7	7.6	11.1
2002（平成14）	30.2	9.4	7.7	11.7
2004（平成16）	31.4	9.3	8.0	12.8

注：厚生労働省「最近の医療費の動向」による。なお、「高齢者」は、老人保健および医療保険適用の70歳以上の者の医療費で「国民健康保険」および「国民健康保険」には高齢者以外の者の医療費が計上されている。

2　国民健康保険事業会計への操出金の推移　　　単位：百万円

平成12年度	平成13年度	平成14年度	平成15年度
959,856	989,328	1,035,727	1,150,517

注：総務省「地方財政白書」による。

第10章　自治体福祉財務

1 政策財務

(1) 政策財務

　自治体政策は、具体的に実現されることによって意味をもち、価値あるものとなる。練りあげられた政策とその総合化・体系化された自治体計画を基本とし、それを具体的に実現するための手段として政策財務がある。政策財務は、政策法務を並んで自治体政策を実現するための重要・不可欠な手段である。

　「財務」とは、政策の選択と財源の配分をめぐる支出論・政策論であり、もともと政策的な意味合いをもつが、政策の視点をより明確にするために「**政策財務**」という概念がだされているといえる。これまで、カネ（財源）については、「財政」として税財源の配分や増税増収などの財源・収入の問題を中心に論じられてきた。「財政危機」という言葉にそのことが端的にあらわされている。もちろん、収入論・財源論も欠かすことができないが、より重要なことは市民にとって真に必要とする施策・事業は何かという選択とそれに優先づけをして、財源を配分していくことである。

　しかも、自治体の財源は、税収不足、三位一体の改革による歳入総額の減少などにより、縮小している。財源縮小期における自治体は、よりきびしい政策の選択と重点化がはかれないと「倒産」も覚悟しなければならない。

(2) 予算制度

　自治体は、みずからの政策を具体的な形で実現するために、毎年度、予算を編成し、議会に提案し、その審議と議決をへて、執行している。その執行

結果が決算としてまとめられ、監査委員の監査をへて、議会の認定をうけて、予算執行責任が解除されることになる。

　自治体の仕事は、自治体計画などにもとづく政策の実施であり、金銭面でみれば予算の執行を中心におこなわれる。予算は、政策を金額で表したもので、どの政策を実施していくという政策選択をおこない、その選択した政策にどのような財源（税、国庫支出金、地方債など）をいくら配分していくのかという財源配分をしたものである。

　従来の予算編成では、カネがあるから予算をつけることが重視され、たとえば国の補助金がつくからということで、必要性のひくい事業をおこなうことすらあった。これは逆であって、まず市民にとって真に必要な施策・事業

　※　一般会計と特別会計

　自治体の長は、毎会計年度（4月1日から翌年3月31日まで）の予算を編成し、年度開始前に議会の議決をへなければならない。自治体の会計は、一般会計と特別会計からなっている。一般会計が基本をなし、財政状況を明確にするため、あらゆる歳入歳出を一つの会計で経理するのが建前である。しかし、自治体の会計経理は複雑多岐をきわめているので、その例外として特定の事業をおこなう場合その他特定の歳入をもって特定の歳出にあて、一般の歳入歳出と区別して経理する必要がある場合において法律でさだめるほか条例で特別会計を設置することができる（地方自治法209条2項）。市町村の特別会計としては、介護保険事業特別会計、国民健康保険事業特別会計、老人保健医療事業特別会計、下水道事業特別会計などがある。特別会計にぞくしないすべての歳入と歳出を経理する会計が一般会計である。

　※　普通会計と公営事業会計

　特別会計は法律でさだめる場合以外に自治体が条例によって独自にもうけることができる。したがって、ある自治体では一般会計によって処理している収入支出が他の自治体では特別会計をもうけて処理しているというように、自治体によって一般会計と特別会計における事業内容の範囲が異なることが生じる。このため、自治体間の財政比較や地方財政の実態把握など統計分析上の必要から自治体財政を統一的に把握するために、各自治体は統一した基準と様式にしたがい、普通会計と地方公営事業会計とに区分して、毎年度の決算統計を作成し、総務省に報告している。この決算統計の総括表が「決算カード」とよばれているものである。また、この統計調査の集計・分析結果が「地方財政の状況」（いわゆる「地方財政白書」）として、毎年度、国会に報告され、一般に公表されている。

　なお、普通会計は、会計区分上の一般会計および特別会計の一部の決算数値であり、公営事業会計は、全国の自治体に共通する会計区分上の特別会計の決算数値である。介護保険事業会計、国民健康保険事業会計および老人保健医療事業会計は公営事業会計にふくまれている。

は何かという選択をし、次にその選択した施策・事業の実施に必要な財源をヤリクリすることが本来のやり方である。そのために、市民は「信託」の意味をもった税金を納めているのである。

　自治体は、地域の人びとの信託にもとづいて政治・行政をおこなっており、それは政策・制度として具体化するが、その政策・制度の実施内容を金額的に表示したものが予算である。

　予算は、通常、「一定期間における歳入・歳出の見積もり」と説明されるが、これでは政策的な意味を理解することができない。

　予算の中心である歳入歳出は、「款」「項」「目」「節」の4区分の**予算科目**によってあらわされる。款・項が議会の議決の対象で（**議決科目**）、項の内容を明らかにするために目・節がいわゆる**執行（行政）科目**としてもうけられている。歳入の「款」は、市町村税、地方交付税、国庫支出などのようにその性質にしたがって区分され、歳出の「款」は、民生費、土木費、教育費などのように、その目的にしたがって区分されている。

　また、予算は、一般会計予算と特別会計予算とに区分されている。**一般会計**は、原則として租税を財源として自治体の行政運営に必要な基本的経費を網羅的に計上したもので、自治体予算の本体をなすものである。**特別会計**は、自治体が特定の事業をおこなう場合と特定の歳入をもって特定の歳出にあて一般の歳入歳出と区分して経理する必要がある場合に法律または条例によって設置される。特別会計の歳入不足を補うために、財政操作ともみられる一般会計から多額の繰出しがおこなわれており、自治体財政を悪化させている要因の一つになっている。福祉政策関連の特別会計には、介護保険事業特別会計、国民健康保険事業特別会計および老人保健医療事業特別会計がある。

　なお、自治体は、個別施策の人件費をふくめたコストと事業採算がわかる施策別予算書の作成、自治体全体の財務実体がわかる一般会計と特別会計などを連結した財務諸表の作成・公開などにより従来の予算・決算方式の改革にもとり組んでいかなければならない。

(3) 財源縮小期の予算編成

　自治体は、財源縮小というきびしい環境のなかで、予算の編成・執行にのぞまなければならず、自立した政府としての重い財務責任をおわされている。財源縮小期においては、既存の施策・事業の徹底したスクラップをおこなって、財源をうみだすことなくして、経済社会の構造変化におうじた新たな施策のビルドのみならず、必要とする既存施策の維持すら困難になる。
　スクラップの視点は、次の３つである。
　　① 税財源でまかなう必要のないムダな施策・事業ではないか。
　　② 税財源が重複してつかわれているダブリの施策・事業ではないか。
　　③ 時代の変化にあわなくなった老化した施策・事業ではないか。

2　福祉政策経費

　高齢少子化が急激にすすむなかで、自治体における福祉政策関係経費の伸びはいちじるしい。市町村の歳出では福祉政策関係経費である**民生費**のしめる割合がもっともおおきなものとなっている。民生費は、後述のように、障害者、高齢者、子ども、生活保護などの諸経費からなっている。この数年間の決算状況をみても、歳出総額にしめる**民生費**の割合は、全国市町村平均で20％をこえており、30％をこえるところもおおい。これに介護保険や国民健康保険などの特別会計がくわわる。
　一般会計における福祉政策経費は、歳出予算の次の科目に計上される。

《歳出予算科目（抜粋）》

款	項	目	節
民生費	社会福祉費	社会福祉総務費・身体障害者福祉費・知的障害者福祉費・高齢者福祉費など	報酬・給料・職員手当等賃金・需要費・役務費・委託料・工事請負費・備品購入費・負担金、補助及び交付金・扶助費・積立金・操出金など
	児童福祉費	児童福祉総務費・児童育成費・母子福祉費・保育園費など	
	生活保護費	生活保護総務費・扶助費など	

3　福祉政策の財源

　市町村の福祉政策経費にあてる財源には、使途が特定されていない一般財源と使途が特定されている特定財源とがある。地方税、地方交付税などが一般財源で、国庫支出金、都道府県支出金などは**特定財源**である。また、特別会計では保険料もおおきな財源となっている。

　① 地方税

　地方税は、自治体が自主課税権にもとづいて賦課徴収するものであるが、納税者市民の立場からみれば、自治体の政治・行政の信託財源であり、自治体の基幹財源となっている。自己選択・自己決定と自己負担という地方自治

※「歳入」「収入」「歳出」「支出」
　「歳」は会計年度のことで、「歳入」は一会計年度における一切の収入、「収入」は支出の財源となるべき現金の収納をいい、「歳出」は一会計年度における一切の支出、「支出」は自治体の各般の需要をみたすための現金の支払をいう。

の本来のあり方にもっともふさわしい財源である。したがって、自治体の自立性・自主性を強化し、地方分権を確実のものにするためには、国税から地方税への税源移譲が不可欠である。地方税には都道府県税と市町村税とがあるが、市町村税は、個人・法人の前年の所得に課せられる**市町村民税**（都道府県民税とあわせて「住民税」とよぶ）と土地・家屋などに課せられる**固定資産税**のしめる割合がおおきく、全国平均でほぼ80％以上をしめている。

なお、東京都特別区における市町村民税（法人）および固定資産税は都税として賦課徴収され、これを財源として23区の財政調整がはかられている。

《市町村と国・都道府県との財政関係》

<国>

歳　入	歳　出
国　税 国　債 その他	一般歳出 地方交付税交付金等 公債費

<都道府県>

歳　入	歳　出
都道府県税 国庫支出金 地方交付税 地方債 その他	一般歳出 公債費 その他

<市町村>

一般会計

歳　入	歳　出
市町村税 地方交付税 国庫支出金 都道府県支出金 地方債 その他	総務費 **民生費** 衛生費 農林水産費 商工費 土木費 教育費 公債費 その他

介護保険特別会計

歳入	歳出
保険料 国庫支出金 支払基金交付金 都道府県支出金 繰入金 その他	総務費 保険給付費 財政安定化基金 　　　　拠出金 基金積立金 その他

②　地方交付税

　地方交付税は、所得税・法人税・酒税の各32％など国税の一定割合を地方税収入の不足する自治体に配分する制度である。一般財源として交付されるので、その使いみちは自治体の裁量できめられる。全国の自治体が一定水準の事業をおこなうために必要な経費（基準財政需要額）と、標準的な状態において徴収が見込まれる税収額（基準財政収入額）を算定して、基準財政需要額が不足する場合に、その差額を交付する。したがって、税収に恵まれている自治体には交付されない（不交付団体）。**地方交付税制度**によって、自治体間の一般財源の不均衡を調整する（**財政調整機能**）とともに、地方交付税の総額を確保することにより自治体の一般財源の総額を保障している（**財源保障機能**）。

　自治体間の財源格差を調整する仕組みは必要であるが、現行の交付税制度は計算が煩雑で所管の総務省の「さじ加減」ともいわれる裁量の余地がおおきい。そのうえに、国は交付にあたっては、地方自治の本旨を尊重し、条件をつけ、またはその使途を制限してはならないとされている（地方交付税法３条２項）にもかかわらず、補助金化され、国策としての公共事業の動員手段にもつかわれてきた。その結果が、国と地方の膨大な長期累積債務の急増である。

③　国庫支出金

　国庫支出金は、自治体の特定事業経費の財源にあてるために国から国庫負担金および国庫補助金（広義では負担金と補助金をあわせて「補助金」という）などとして交付される。**国庫負担金**は、国と自治体とが共同責任をもつ事業について経費負担区分をさだめて義務的に負担するものである。**国庫補助金**は、特定の事業の奨励や財政援助としておこなわれるもので、国は特別に交付義務をおっていない。法文上も前者は「負担する。」あるいは「負担しなければならない。」とされているのにたいして、後者は「○分の○以内を」

あるいは「予算の範囲内で」「補助することができる。」とされている。いずれも法律にもとづいて支出されるので**「法律補助」**といわれるが、法律にもとづかない補助を**「予算補助」**といっている。

　福祉政策にかんする国および都道府県の負担金・補助金については、後述の地方財政法に規定する自治体と国との経費負担の原則にもとづき、福祉各法において個別施策経費の負担割合がさだめられている。

　国庫補助・負担金をめぐっては、次のような問題点がある。

　第1に、「ひもつき」といわれるように交付条件が細かくさだめられていて、国の介入・干渉もあり、自治体の自主性・独自性を発揮できない。第2に、国の負担金は必要かつ十分な金額を基礎として算定されなければならないとされている（地方財政法18条）にもかかわらず、算定基準がひくいため自治体に超過負担をもたらしている。第3に、交付手続きが煩雑で、無駄な労力・経費を要する。第4に、自治体の政策選択で補助がつくものを優先しがちである。第5に、費用を分担することから自治体と国との政策責任の所在が不明確になる。

　都道府県支出金は、国庫支出金と同じ仕組みになっている。都道府県の負

〈歳入予算科目（抜粋）〉

款	項	目	節
市（町村）税	市町村民税 固定資産税	個人・法人 固定資産税	現年課税分 滞納繰越分
地方交付税	地方交付税	地方交付税	地方交付税
国庫支出金	国庫負担金 国庫補助金	民生費国庫負担金 民生費国庫補助金	社会福祉費 負担金など 社会福祉費 補助金など
都道府県支出金	都道府県負担金 都道府県補助金	民生費都道府県負担金 民生費都道府県補助金	社会福祉費 負担金など 社会福祉費 補助金など

担金・補助金は、法律にもとづくものがおおく、この場合には国の負担金・補助金にくわえて市町村へ交付される（間接補助）。なお、補助金については、都道府県の政策選択や財政力によって格差が生じている。

一般会計における市町村の福祉政策経費の財源は、歳入予算の主に前頁にかかげてある科目からあてられる。

4　政策経費の負担

(1)　経費負担の原則

自治体は、当該自治体の事務を処理するために必要な経費その他法律・政令により負担すべき経費を支弁し、法律・政令により自治体にたいし事務の処理を義務づける場合には、国がそのために必要な経費の財源につき必要な措置を講じなければならない（地方自治法232条）。

これをうけて、地方財政法では、自治体の事務をおこなうために要する経費については、当該自治体の全額負担を原則とし、次のような場合には国が全部または一部を負担することとしている。

a　自治体が法令にもとづき実施しなければならない事務で、自治体と国相互の利害に関係ある事務のうち、その円滑な運営を期するために国がすすんで経費を負担する必要のあるもの

　　例→生活保護に要する経費、精神保健福祉に要する経費、身体障害者の更生援護に要する経費、知的障害者の援護に要する経費、介護保険の介護給付・予防給付・財政安定化基金への繰入れに要する経費、児童福祉施設等に要する経費、児童手当に要する経費など

b　自治体が国民経済に適合するように総合的に樹立された計画にしたがって実施しなければならない法律・政令でさだめる建設事業に要する

経費
例→児童福祉施設その他社会福祉施設の建設に要する経費など

(2) 個別施策の経費負担

　福祉分野における個別施策に要する費用については、福祉各法の後半部分に「費用」の章がもうけられている。そこでの規定の仕方は、まず、市町村が「支弁する。」とし、次に都道府県および国は市町村が支弁する費用の一定割合を「負担する。」「負担しなければならない。」「補助することができる。」などと規定している。ここでいう「支弁」とは引当てのある財源から金銭を義務的に支出することである。
　また、市町村長は、利用者やその扶養義務者から負担能力などにおうじて、市町村が支弁した費用の全部または一部を「徴収することができる。」とされている（**費用徴収**）。保育所の保育料がその例である。
　保育費用の経費負担の例をあげておく（児童福祉法の抜粋）。

第四章　費用
第五十一条　次に掲げる費用は、市町村の支弁とする。
　四　市町村の設置する保育所における保育の実施に要する保育費用
　四の二　都道府県及び市町村以外の者の設置する保育所における保育の実施に要する保育費用
第五十三条　国庫は、・・第五十一条(・・第四号・・を除く。)に規定する地方公共団体の支弁する費用に対しては、政令の定めるところにより、その二分の一を負担する。

※　費用徴収
　費用徴収とは、利用者負担のことで、福祉サービスの利用者・その扶養義務者がその負担能力などにおうじて、福祉サービスの提供にかかった費用の全部または一部を支払うことをいう。

第五十五条　都道府県は、第五十一条・・第四号の二の費用に対しては、政令で定めるところにより、その４分の一を負担しなければならない。

第五十六条
　3　・・第五十一条第四号若しくは第四号の二に規定する保育費用を支弁した市町村の長は、本人又はその扶養義務者から、当該保育費用をこれらの者から徴収した場合における家計に与える影響を考慮して保育の実施に係る児童の年齢等に応じて定める額を徴収することができる。

〈第10章　資料〉

1　社会保障給付費（2003（平成15）年度）

分　類	金　額	割合（%）
医　療	26兆6,154億円	31.6
年　金	44兆7,845億円	53.1
福祉その他	12兆8,669億円	15.3
介護対策（再掲）	（5兆1,521億円）	（6.1）
計	84兆2,668億円	100.0
国民所得・比：368兆6591億円・22.86%		

注：国立社会保障・人口問題研究所「社会保障給付費（概要）」による。

2　歳入決算の構成比（2004（平成16）年度）

区　分	市町村（%）	都道府県（%）	純　計（%）
地方税	34.0	33.3	35.9
地方交付税	15.2	19.0	18.2
国庫支出金	10.3	14.6	13.2
都道府県支出金	4.2	―	―
地方債	10.4	14.6	13.2
その他	25.9	18.4	19.5
歳入合計	50兆6,500億円	48兆9,955億円	93兆4,222億円

注：総務省「地方公共団体普通会計決算の概要」による。

3 目的別歳出純計決算額の構成比（2004（平成16）年度）

区分（款）	市町村（％）	都道府県（％）	純　計（％）
総務費	12.9	6.6	9.8
民生費	25.3	8.3	16.6
衛生費	9.0	3.1	6.3
農林水産業費	3.3	6.9	4.7
商工費	3.4	6.8	5.4
土木費	16.0	15.9	16.7
消防費	3.4	—	2.0
警察費	—	6.9	3.7
教育費	11.1	23.9	18.5
公債費	13.3	13.8	14.4
その他	2.3	7.8	1.9
歳出合計	49兆2,578億円	48兆1,935億円	91兆2,479億円
うち民生費	12兆4,749億円	4兆114億円	15兆1,322億円

注：総務省「地方公共団体普通会計決算の概要」による。

4 民生費の目的別歳出構成比（2004（平成16）年度）

区分（項）	市町村（％）	都道府県（％）	純　計（％）
社会福祉費	27.3	22.5	26.0
老人福祉費	21.4	44.4	26.0
児童福祉費	32.2	24.4	30.1
生活保護費	19.2	8.8	17.9
災害救助費	0.1	0.0	0.1
歳出合計	11兆9,306億円	3兆9,667億円	14兆5,402億円

注：総務省「地方財政白書」による。

第 11 章　自治体福祉の担い手

1　福祉の担い手

　21世紀は、地域社会において多様な主体が福祉の課題にとり組む地域福祉の時代である。

　地域社会において、それぞれ直接的な目的や役割は異なるものの、おおくの個人、団体・機関、事業者などが公共的課題にとり組んでいる。地域福祉も多様な主体によってになわれており、公共的課題への対応といえども、もはや自治体や国の独占物ではなくなっている。

(1)　市民・ボランティア

　地域社会と自治体を形づくる主体は市民である。まず、個々の市民がみずからの生活問題の解決にあたる。また、近隣とのかかわりを大切にする。さらには、他人のかかえている生活問題の解決にかかわっていく。このようなことが望まれ、ボランティア活動も活発におこなわれているが、よりおおくの人々の参加がもとめられている。

(2)　民生委員・児童委員

　民生委員・児童委員は、無報酬の公職で、地域における福祉活動で重要な役割を担っている。民生委員は、民生委員法にもとづいておかれ、社会奉仕の精神をもって、つねに地域の人びとの立場に立って相談におうじ、必要な援助をおこなうことを任務としている。民生委員は、児童福祉法にもとづき児童委員にあてられ、児童委員のなかから児童福祉問題を専門に担当する**主任児童委員**が指名されている。

民生委員は、市町村の民生委員推薦会で選考がおこなわれ、都道府県知事に推薦される。都道府県知事は、その推薦された者について、都道府県の地方社会福祉審議会の意見をきいて、厚生労働大臣に推薦し、厚生労働大臣が委嘱する。

　民生委員は、市町村の区域におかれ、人口規模におうじて定数がきめられるが、たとえば、中核市や人口10万人以上の市では170～360世帯ごとに1人とされている。

　民生委員の職務は次のとおりである。

a　地域の人びとの生活状態を必要におうじ適切に把握しておくこと
b　援助を必要とする者がその能力におうじて自立生活をいとなめるよう、生活相談におうじ、助言その他の援助をおこなうこと
c　援助を必要とする者が福祉サービスを適切に利用するために必要な情報提供その他の援助をおこなうこと
d　社会福祉目的の事業経営者・社会福祉の活動者と密接に連携し、その事業・活動を支援すること
e　福祉事務所その他の関係機関の業務に協力すること。
f　その他地域の人びとの福祉増進をはかるための活動をおこなうこと

　また、**児童委員としての職務**は次のとおりである。

g　子ども・妊産婦の生活・とり巻く環境の状況を適切に把握しておくこと
h　子ども・妊産婦の保護・保健その他福祉にかんするサービスを適切に利用するために必要な情報提供その他の援助・指導をおこなうこと
i　子ども・妊産婦にかかる社会福祉目的の事業経営者・子どもの健全育成の活動者と密接に連携し、その事業・活動を支援すること
j　福祉事務所の社会福祉主事などのおこなう職務に協力すること
k　子どもの健やかな育成の気運醸成に努めること
l　その他子ども・妊産婦の福祉増進をはかるための活動をおこなうこと

(3) 保護司

　保護司は、保護司法にもとづき法務大臣から委嘱をうけ、無報酬で、地域社会において、犯罪や非行をおこなった者のたち直りの援助や犯罪・非行の予防の相談におうじ、必要な助言・指導をおこなうなどの役割を担っている。
　1999（平成11）年施行の改正保護司法では、保護司の職務として「犯罪の予防に寄与する地方公共団体の施策への協力」、また自治体として「その地域において行われる保護司、保護司会及び保護司会連合会の活動に対して必要な協力をすることができる。」との条項が追加された。
　保護司・保護司会は、学校、ＰＴＡ、地域組織などと連携して青少年の健全育成のための地域活動のとり組みなどもおこなっている。

(4) 社会福祉協議会

　社会福祉協議会は、社会福祉法にもとづいて、市町村、都道府県および全国を単位とした組織がおかれている。このうち市町村社会福祉協議会は、市町村の区域内における社会福祉目的の事業経営者や社会福祉活動をおこなう者により構成され、その基本的な性格は地域における社会福祉の推進をはかることを目的とした営利を目的としない民間組織である。
　2000（平成12）年4月1日施行の改正社会福祉法では事業者だけでなく、社会福祉活動をおこなう者などの参加が明確にされた。
　市町村社会福祉協議会は、地域福祉の推進をはかるため、次の事業をおこなう。
　a　社会福祉を目的とする事業の企画・実施
　b　社会福祉にかんする活動への地域の人びとの参加のための援助
　c　社会福祉を目的とする事業にかんする調査・普及・宣伝・連絡・調整・助成
　d　その他社会福祉を目的とする事業の健全な発達をはかるために必要な事業

市町村社会福祉協議会は、広域的に事業を実施することにより効果的な運営が見込まれる場合には、複数の市町村を区域として事業をおこなうことができる。

　市町村社会福祉協議会は、地域福祉推進の中心的な役割を担っており、市町村との間においても財政面・運営面で密接なかかわりをもっている。ただ、自治体の仕事を肩がわりしている第2福祉部になっているのではないかとの批判もある。

(5)　社会福祉法人

　社会福祉法人は、社会福祉法にもとづき、社会福祉事業を目的として、都道府県知事の認可をうけて設立される法人である。

　社会福祉法人は、社会福祉事業というきわめて公共性のたかい事業をおこなうことを目的にしているので、その設立・運営・監督などについては民法の公益法人制度にくらべてより厳格な規定内容になっている。

　社会福祉事業には、第1種社会福祉事業と第2種社会福祉事業がある。

　第1種社会福祉事業は、とくに公共性がたかいもので、この事業はおおかた援護を必要とする者を施設に入所させ、そこで生活の大部分をいとなませることなどから、利用者個人の人格の尊重に重大な関係をもっている。したがって、一段とつよい規制と監督の必要性のたかいものであることから、自治体、国または社会福祉法人が経営することを原則としている。

　第2種社会福祉事業は、社会福祉の増進に貢献するものであるが、人権尊重のうえで弊害のおそれが比較的すくないものである。

　社会福祉法人は、第1種・第2種の社会福祉事業の中心的な担い手として、日本の社会福祉の発展におおきく貢献してきている。また、自治体との関係では、措置制度のもとにあっては措置事業の最大の委託先となっていたが、公設福祉施設の運営や措置事業以外の事業の受託などでも実績をつみ、ノウハウを蓄積している。自治体は、地域に根をはっている社会福祉法人と緊密

な連携をはかりながら地域の福祉力をたかめていく必要があろう。

なお、社会福祉法人にもきびしい経営努力がもとめられている。

〈第1種社会福祉事業〉

養護老人ホーム、特別養護老人ホーム、軽費老人老人ホーム、母子生活支援施設、児童養護施設、知的障害児施設、肢体不自由児施設、知的障害者更生施設、知的障害者授産施設などの福祉施設を経営する事業

〈第2種社会福祉事業〉

◆老人デイサービスセンター、老人短期入所施設、老人福祉センター、保育所、児童厚生施設、児童家庭支援センター、身体障害者福祉センター、知的障害者デイサービスセンター、精神障害者社会復帰施設などの福祉施設を経営する事業

◆居宅介護、短期入所、デイサービス、放課後児童健全育成、子育て短期支援、身体障害者の生活訓練等、知的障害者相談支援、福祉サービス利用援助などの福祉事業

(6) 共同募金会

共同募金事業をおこなうために、都道府県単位に共同募金会がおかれている。**共同募金**は、都道府県単位に、毎年1回、地域福祉の増進をはかるためにおこなう寄付金の募集で、その寄付金を社会福祉事業、更生保護事業その他の社会福祉を目的とする事業を経営する者（国・自治体をのぞく）に配分することを目的としている。共同募金をおこなう事業は、第1種社会福祉事業で、共同募金事業をおこなうことを目的に設立された社会福祉法人が**共同募金会**である（社会福祉法113条）。共同募金会は、資金面で社会福祉事業におおきく貢献している。

(7) 社団・財団法人

公益法人は、民法第34条の「公益に関する社団又は財団であって営利を目的としないもの」として、都道府県知事の許可をえて設立される。
　この公益法人には、社団法人と財団法人の2種類がある。

①　社団法人

　社団法人は、一定目的のために結合した人の集団を基礎として設立された法人（人の集合体）である。
　社団法人として市町村にはシルバー人材センターがある。
　シルバー人材センターは、高齢者の雇用等の安定等に関する法律にもとづいて、都道府県知事の指定をうけたもので、高年齢退職者の希望におうじた臨時的かつ短期的な就業や軽易な業務の機会を確保し、組織的に提供して、就業を援助することを目的としている。
　シルバー人材センターは、おおむね55歳以上の者を会員とし、その豊かな経験と知識・技能をいかして地域社会に貢献するとの理念のもとに、庭木せん定、障子・ふすま貼り、家事援助、子どもの学習教室などの身近なものからリサイクル事業、公共施設の管理業務などの公共的なものまでひろい範囲にわたって仕事をうけ、会員に提供している。

②　財団法人

※　社会福祉法人制度
　戦後改革において、ＧＨＱの社会福祉における国家責任・公私分離原則の提示、日本国憲法第89条の「公金その他の公の財産は、…公の支配に属しない慈善、…博愛の事業に対し、これを支出し、又はその利用に供してはならない。」との規定およびシャウプ税制改革での公益法人の収益事業への新たな課税などのおおきな状況変化があり、民間社会福祉事業は財政的な困難に直面した。一方、当時の国民生活は極度に窮乏していたが、国はそれに対応するだけの十分な社会資源をもっていなかったため、戦前からおおきな役割をはたしてきた民間社会福祉事業に依存しなければならなかった。そこで、民間社会福祉事業を活用するために、憲法第89条の規定に抵触しないで、公的助成をおこなうことができるように行政庁の監督権限を認めることにより「公の支配に属」するものとした社会福祉法人が創設された。

財団法人は、一定目的のために提供された財産を運営するために設立された法人（財産の集合体）である。
　市町村における代表的な財団法人として福祉公社がある。
　福祉公社は、自治体から提供される基本財産をもとに運営されることから民法上の公益財団方式がとられている。福祉公社は、本来、福祉サービスを有料で利用する利用会員、有償の福祉サービスの担い手である協力会員および金銭的な支援をおこなう賛助会員による会員制の互助組織であった。しかし、2000年の介護保険制度の導入に際して、ＮＰＯ法人の設立などの動向から事業の見直しや社会福祉協議会への統合などもおこなわれている。
　独自事業としては、介護・家事援助サービスを中心に配食サービス、相談事業、介護者教室、教養・レクリエーション活動をおこなうほかに、資産を担保にした福祉サービス利用資金の融資などもおこなわれている。また、自治体から福祉事業などの委託をうけているところもある。
　福祉公社以外にも、自治体が財団法人を設立して、介護老人保健施設などの運営や居宅介護支援事業にあたらせるところもある。

③　医師会・歯科医師会・薬剤師会

　医師会・歯科医師会が法人格をもつ場合には、民法第34条の公益社団法人の方式をとる。
　医師会・歯科医師会は、それぞれ医学・歯科医学の発展と地域社会に貢献することを目的とした地域の医療機関の医師・歯科医師を会員とする団体である。医師会・歯科医師会所属の医師は、本来の医療業務のほかに、自治体の保健福祉関係の計画づくり、保健・医療・福祉の連携組織、介護認定審査会などへの参加をとおして、地域福祉にも重要な役割を担っている。自治体と地域の医師会・歯科医師会との緊密な連携がはかられなければならない。
　また、地域には、任意団体として薬剤師会が組織されているが、医薬分業もすすみ、保健・医療・福祉のネットワークの一翼をになっており、自治体と薬剤師会の協力関係をつくりあげていく必要もある。

(8) 非営利法人

福祉関連で、特別法によって営利を目的としない非営利の法人の設立が認められている。

① 特定非営利活動法人

市民活動団体などからのつよい要望をうけて、1998（平成10）年に特定非営利活動促進法（ＮＰＯ法）が制定・施行された。同法は、特定の非営利活動をおこなう団体に法人格をあたえることなどにより、ボランティア活動など市民がおこなう自由な社会貢献活動としての特定非営利活動の健全な発展を促進することを目的としている。

特定非営利活動として、保健・医療・福祉の増進をはかる活動、児童の健全育成をはかる活動などをふくめて17種類がさだめられている。

同法にさだめる要件をそなえた市民団体は、都道府県知事の認証という簡易な手続きにより「**特定非営利活動法人**」（ＮＰＯ法人）となることができる。

法人は、任意団体とは異なり、法律上の権利能力をもち、財産の所有や契約も団体名義でおこなうことができる。したがって、法律上の責任問題などが発生した場合には、代表者個人の責任ではなく、団体としての法人が責任をおうことになる。

福祉活動のＮＰＯ法人のおおくが、介護保険の対象サービスの提供のみならず、対象外サービスの提供もおこない両者の組みあわせなどによって利用者のニーズにきめ細かに対応している。

自主的・自発的な市民活動が自治の原点であり、自治体としてもＮＰＯ法人の自主性・独立性を尊重しながら、協力関係をつくっていかなければならない。

また、法人格を取得していないが、地域に密着した地道な活動をしている任意団体もあり、それらの団体と自治体との協力関係をつくることも大事である。

② 消費生活協同組合

消費生活協同組合（生協）は、消費生活協同組合法にもとづいて設立された法人で、組合員の生活の文化的・経済的改善をはかることを目的とした相互扶助の組織である。生協には、地域生協、職場生協、医療生協などがある。

消費生活協同組合のおこなう事業は、店舗の経営や生活物資の購入・供給をはじめとして、災害事故の共済、医療、社会福祉サービスなどさまざまな分野にわたっている。

地域生協などでは、介護保険対象の訪問介護事業などで地域に根ざした活動も積極的におこなっている。

③ 農業協同組合

農業協同組合は、農業協同組合法にもとづいて設立された法人で、農業経営者の協同組合である。

同法には、組合事業として「医療に関する施設」や「老人の福祉に関する施設」もかかげられている。農業協同組合は、とくに農山村地域での福祉関連事業の展開が期待される。

※　ＮＰＯ
ＮＰＯ＝non-profit（非営利的な）organization（組織・団体）
福祉・保健・医療、教育、環境、文化、まちづくり、国際協力などのさまざまな社会貢献活動をおこなう非営利の民間組織をいう。この組織の特徴として、利潤を分配しないこと（非営利）、政府の一部ではないこと（非政府）、自己統治にもとづく組織運営、自発的な参加などがあげられている。

※　病院と診療所
病院は、医師または歯科医師が公衆または特定多数人のため医業または歯科医業をおこなう場所であって、20人以上の患者を入院させる施設をもっているものである。診療所は、医師または歯科医師が公衆または特定多数人のため医業または歯科医業をおこなう場所であって、患者を入院させるための施設をもっていないものまたは19人以下の患者を入院させるための施設をもっているものである（医療法1条の5）。

≪法人の分類≫

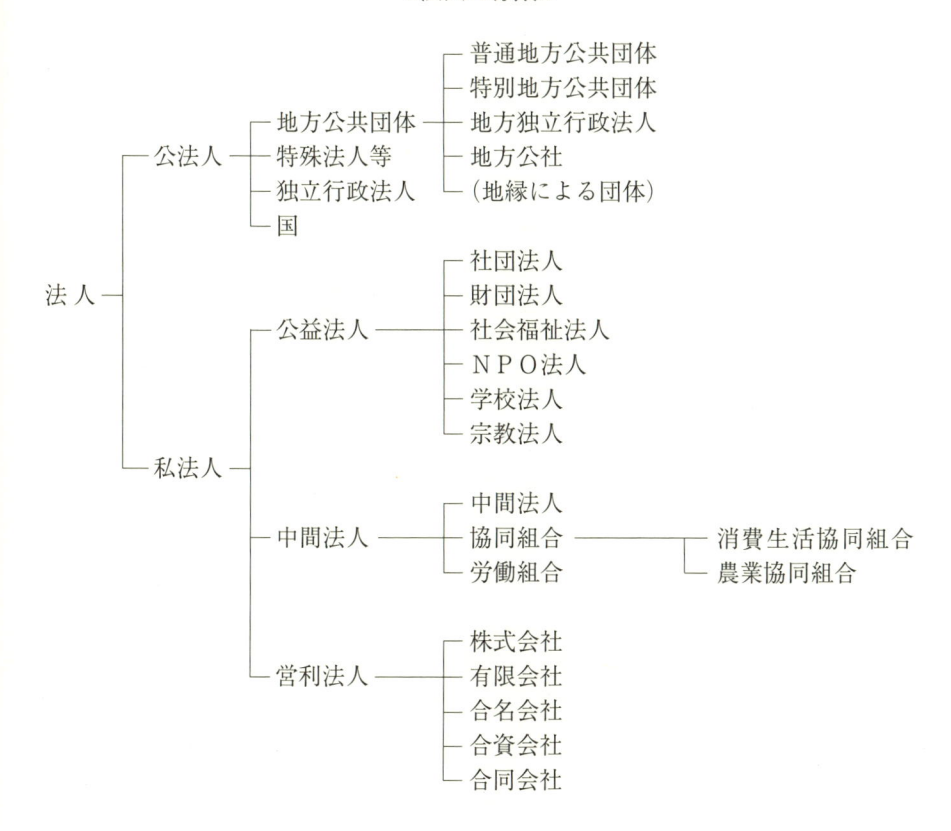

```
              ┌ 地方公共団体 ┬ 普通地方公共団体
              │              ├ 特別地方公共団体
       ┌ 公法人┤ 特殊法人等  ├ 地方独立行政法人
       │      ├ 独立行政法人 ├ 地方公社
       │      └ 国           └（地縁による団体）
       │
       │              ┌ 社団法人
       │              ├ 財団法人
法 人 ─┤      ┌ 公益法人 ├ 社会福祉法人
       │      │       ├ NPO法人
       │      │       ├ 学校法人
       │      │       └ 宗教法人
       │      │
       └ 私法人┤       ┌ 中間法人
              ├ 中間法人 ├ 協同組合 ─┬ 消費生活協同組合
              │       └ 労働組合  └ 農業協同組合
              │
              │       ┌ 株式会社
              │       ├ 有限会社
              └ 営利法人├ 合名会社
                      ├ 合資会社
                      └ 合同会社
```

④　医療法人

　医療法人は、医療法にもとづき、病院、診療所または介護老人保健施設を開設しようとする社団・財団が、都道府県知事の認可をうけて設立する。

　病院・診療所は、介護保険の対象サービスとして居宅療養管理指導、訪問看護、通所リハビリなどをおこない、介護と連携した在宅医療にもとり組んでおり、保健・医療・福祉の連携の一環を担っている。

243

(9) 営利法人

　営利法人は、営利を直接の目的とした法人であり、会社法にもとづく株式会社や有限会社などがある。これらの営利法人は営利事業をとおして社会の発展に寄与しており、資本主義社会においては、不可欠の存在である。規制緩和のすすむなかで、営利法人も福祉分野では介護や保育などの公共的な部門に参入し、効率的な事業運営で実績をあげてきている。
　自治体としても、公共部門をになう営利法人との連携も重視していかなければならない。

(10) 行政機関

　市町村には、役所・役場、保育所、児童館、学校、保健所、児童相談所など地域の福祉問題に直接・間接に関連する公共機関がおおく存在している。

① 福祉事務所
　自治体の組織では、**福祉事務所**が福祉部門の中心になっている。
　福祉事務所は、社会福祉法で、「福祉に関する事務所」とされており、社会福祉にかんする自治体の専門機関で、社会福祉行政の第一線の現業機関である。
　市町村・都道府県は、条例により福祉事務所を設置しなければならず、町村は任意設置で条例により設置することができる。また、町村にあっては、一部事務組合または広域連合をもうけて、福祉事務所を設置することもできる。
　福祉事務所は、生活保護法、老人福祉法、児童福祉法、身体障害者福祉法、

※ 自然人と法人
　法律上の「人」とは、権利能力を有するものすなわち権利義務の主体とされるものをいう。これには、自然人と法人の二種類がある。自然人は生きている人間のことであり、法人は法律によって認められたものである。

知的障害者福祉法などにさだめられている援護・育成・更生などにかんする事務を担当している。

　福祉事務所は、自治体の行政機関として、通常、長からその権限にぞくする事務処理の権限を委任され、対外的にも福祉事務所長名で事務を処理する。

　福祉事務所には、所長のもとに現業事務の指揮監督を担当する所員、要援護者などの面接・調査、生活指導などをおこなう現業の所員および庶務担当の事務職員がおかれている。

　なお、近年になって福祉事務所の処理する事務は複雑・多様化し、事務量も非常におおくなっていることから組織的に福祉担当部を福祉事務所とするような工夫がされている（大福祉事務所制＝福祉担当部長が福祉事務所長を兼務）。

　　② 児童相談所

　都道府県などは、児童福祉法にもとづき**児童相談所**を設置しなければならない。児童相談所は、児童福祉にかんする各般の相談、調査・診断・判定とこれらにもとづく指導および一時保護をおこなう。児童相談所には、児童の福祉にかんする事務をつかさどる職員（児童福祉司）がおかれる。とくに子どもの虐待問題の解決にあたっては、中心的な存在である。

　　③ 保健所

　都道府県などにおかれている保健所は、地域保健法にもとづき、地域保健の思想普及・向上、栄養改善・食品衛生、環境衛生、医事・薬事、公共医療事業、母性・乳幼児・老人保健、歯科保健、精神保健など広域的または高度・専門的な事業をおこなっている。また、子どもの保健衛生知識の普及、子どもの健康相談・健康診査、障害児・病弱児の療育指導、児童福祉施設にたいする栄養改善・衛生の助言（児童福祉法12条の６）、老人福祉施設等にたいする栄養改善・衛生への協力（老人福祉法８条）などの業務もおこなっている。

245

④　行政組織

　市町村では、福祉部門にもっともおおい職員を配置しており、今後もこの部門の行政需要は増大していく。組織は人なりで、それぞれの市町村の福祉水準は、人材の有無と多寡にかかっている。ここでいう人材とは、自治体政策に参画する意思と能力をもっている人のことで、市民と自治体職員の双方に必要である。市民については、政策立案から政策評価までの政策過程への多様な参加をすすめることが重要である。

　福祉職場における自治体職員の人材の確保・育成・活用策としては、第1にあらゆる機会をとらえた多様な研修、第2に当該自治体と密接な関係にある社会福祉協議会、社会福祉法人、NPOなどとの人事の相互交流、第3にとくに福祉保健分野の相談業務について、保育・介護・保健などの資格ないし知識経験をもつ退職職員を活用することである。

(11)　専門職

　福祉の実践現場では、おおくの専門職者が仕事にたずさわっている。質のよいサービスはこれら専門的な知識・技術・経験をもつ人材によってきまる。

①　医師・歯科医師・薬剤師

　医師・歯科医師は、医師法・歯科医師法にもとづき、国家試験に合格し、免許をえて、医療・保健指導をおこなう。薬剤師は、薬剤師法にもとづき、国家試験に合格し、免許をえて調剤・医薬品の供給その他薬事衛生を担当する。

②　保健師・看護師

　保健士・看護士は、保健師助産師看護師法にもとづき、国家試験に合格し、免許をえて、保健師は、保健指導などを、看護師は、傷病者などの療養上の世話・診療の補助をおこなう。

③ 理学療法士・作業療法士

理学療法士・作業療法士は、理学療法士及び作業療法士法にもとづいて、国家試験に合格し、免許をえて、医師の指示のもとに、理学療法士（ＰＴ=physical therapist）は理学療法（治療体操・マッサージなど）を、作業療法士（ＯＴ=occupational therapist）は作業療法（手芸・工作など）をおこなう。

④ 栄養士・管理栄養士

栄養士は、栄養士法にもとづき、養成施設で必要な知識・技術を修得し、都道府県知事の免許をうけ、栄養の指導をおこなう。管理栄養士は、同法にもとづき、国家試験に合格し、厚生労働大臣の免許をうけて、傷病者の療養に必要な栄養指導、高度の専門的知識・技術を要する健康の保持増進のための栄養指導、特定多数人の継続的な食事供給施設における特別の配慮を必要とする給食管理・栄養改善指導などをおこなう。

⑤ 社会福祉士・介護福祉士

社会福祉士は、社会福祉士及び介護福祉士法にもとづき、国家試験に合格し、登録をうけ、専門的知識・技術をもって障害をもつ者などの福祉にかんする相談・助言・指導などをおこなう。介護福祉士は、同法にもとづき、指定学校などで必要な知識・技能を修得した者や国家試験に合格したものが登録をうけ、専門的知識・技術をもって障害をもつ者に入浴・排せつ・食事等の介護と介護者への介護指導をおこなう。

⑥ 言語聴覚士

言語聴覚士（ST = speech therapist）は、言語聴覚士法にもとづき、国家試験に合格し、免許をうけ、登録し、音声機能、言語機能または聴覚機能に障害のある者に言語訓練や必要な検査・助言・指導などをおこなう。

⑦　精神保健福祉士

　精神保健福祉士は、精神保健福祉士法にもとづき、国家試験に合格し、登録をうけ、専門的知識・技術をもって、精神障害者の相談・助言・指導・日常生活訓練などをおこなう。

⑧　保育士

　保育士は、児童福祉法にもとづき、指定保育士養成施設を卒業した者または保育士試験に合格した者で、都道府県にそなえる保育士登録簿に登録をうけ、専門的知識・技術をもって児童の保育および児童の保護者にたいする保育指導をおこなう。

⑨　介護支援専門員（ケアマネージャー）

　介護支援専門員は、介護保険法にもとづき、要介護者などからの相談をうけ、その心身の状況などにおうじ適切なサービスを利用できるよう市町村・事業者・施設などとの連絡調整などをおこなう者で、要介護者などが自立した日常生活をいとなむのに必要な援助にかんする専門的知識・技術をもっているものである。

⑩　訪問介護員（ホームヘルパー）

　訪問介護員は、高齢者・障害者の家庭を訪問し、入浴・排せつ・食事などの介護と洗濯・掃除・買物などの家事援助、介護にかんする相談・助言など

※　業務独占と名称独占
　業務独占とは国家資格のある者だけが特定の業務をおこなうことができることをいい（医師・歯科医師・薬剤師、看護師・保健師など）、名称独占とは、国家資格のある者だけが特定の名称を使用することができることをいう（社会福祉士・介護福祉士、保育士など）。業務独占では無資格者は特定の名称を使用し、特定の業務をおこなうこと禁じられ、名称独占では無資格者は特定の名称を使用することを禁じられている。業務独占は専門性がたかく、自由化により社会的危険が生じやすい場合などに認められる。専門職の根拠法にさだめられている。

をおこなう。資格は必要としないが、1級から3級までの養成研修がおこなわれている。

⑪　児童厚生員

　児童厚生員は、児童館などの児童厚生施設において「児童に遊びを指導する者」（児童福祉施設最低基準第38条）としておかれ、各自治体のさだめる一定の資格をもつ者のうちから任用される（任用職）。なお、財団法人の児童健全育成推進財団による資格認定制度がある。

⑫　児童福祉司

　児童福祉司は、児童福祉法にもとづき、児童相談所におかれ、児童の保護・その他福祉にかんし相談・指導などをおこなう。児童福祉司養成学校の卒業者・社会福祉士などのうちから任用される（任用職）。

⑬　社会福祉主事

　社会福祉主事は、社会福祉法にもとづき、市・福祉事務所設置町村・都道府県におかれ、福祉事務所において、福祉六法にさだめる援護・育成・更生にかんする事務をおこなう。大学などにおいて一定の科目を修めて卒業した者などのうちから任用される（任用職）。

2　担い手のネットワーク

(1)　ネットワークの構築

　市町村の区域内だけでも、近隣の人、ボランティア、公職者、機関、団体・組織、専門職など多種多様な主体がひろく福祉の担い手として活動をしてい

る。

　これら担い手の相互間に連携がとれて、協働の関係が構築されれば、地域の福祉力はたかまり、地域コミュニティの形成にもむすびついていく。

　まず、公益ないし非営利の組織・機関や公共機関の間でネットワーク化がはかられるべきであろう。このネットワーク化は、情報の交換・共有を基本とし、無理のない協同・協力の関係をつみかさね、マンネリ化しないよう心がけていく必要がある。また、必ずしも区域内のすべての組織・機関を網羅した単一のものである必要はなく、自主的・主体的な参加を基本とし、同一業種間の連携を基礎に重層的な仕組みが考えられてよいであろう。

　ところで、異なる主体間をむすびつけ、活動を継続していくためには、その中心となって連絡・調整の任にあたる者（事務局）が必要となる。その任にあたるのは、市民の信託を基礎に市民に信頼される存在であること、継続性をもって仕事をつづけられることなどから自治体の行政組織が望ましいといえよう。

　市町村では、高齢者へのサービス提供について、保健・医療・福祉の連携をはかるために、現場・実務担当者のサービス調整チームや区域内の関係組織・機関等の代表者レベルによるサービス調整会議などの実績もある。

　また、法的な手がかりとして、地方自治法157条には、自治体の長の総合

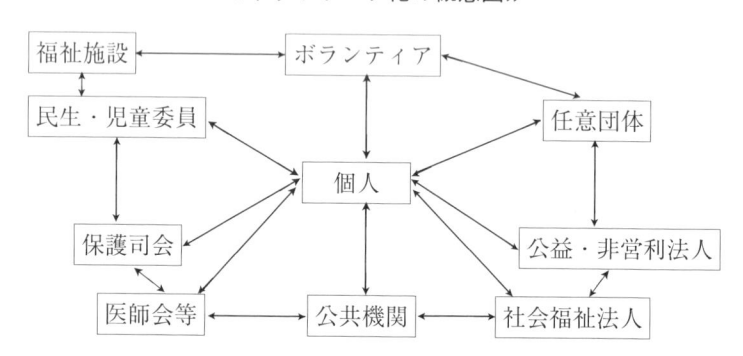

≪ネットワーク化の概念図≫

調整にかんする規定がある。すなわち、自治体の長は、当該自治体区域内の公共的団体などの活動について総合調整をはかるため、これを指揮監督することができ、必要があれば公共的団体などに事務の報告をさせ、書類・帳簿を提出させ、実施に事務を視察することができる。総合調整をはかるには、議会の議決を必要とするが、この規定の活用が考えられてよい。

(2) 「協働」の意味

ネットワーク化にあたって、留意したい点は「協働」の意味である。

市民と行政との「協働」という用語が、自治体で多用されているが、協働とは本来、独立した対等当事者間の関係をしめすものである。この意味で市民とその信託によって成りたっている自治体の代表機関・その補助機関との関係で使用することには疑問もある。そこで、参画・参加とともに、市民と自治体政策とのかかわりで、次のように整理しておきたい。もっとも「参加」に3つの意味がふくまれている、ということもできる。

 a 参加：市民が何らかの形で当該自治体の政策過程に意見をのべ、反映させること
 b 参画：市民が主体的・自主的に政策過程に意見をのべ、反映させるとともに、みずからも政策実現に一定の役割をもつこと
 c 協働：市民が公共的課題をみずからのものとして、自治体と連携しながら主体的にその解決策づくり、実施および評価にかかわっていくこと

この三つの局面は、市民自治の発展段階としてとらえ、「協働」の段階においては「公共」は行政の独占物ではなく、市民・市民組織が「公共」の主体的な担い手として登場してきたものと考えることができる。

(3) 自治体組織機構

ネットワーク化において重要な役割をになう自治体の組織機構のあり方も

問われる。

　自治体の組織機構は、自治体計画にもとづいた政策を総合的・機動的に推進できるものでなければならない。組織のスリム化、フラット化をすすめるなかで、いかに機能的で、総合的に政策を推進できるかという観点からの組織の再編がもとめられる。

　福祉保健分野では、市民参加の拡大、公益・非営利団体との連携、福祉・保健・医療分野の統合、民生委員・児童委員との協力体制の強化や人材の育成・活用などをふまえた組織でなければならない。

　自治体組織との関連で**附属機関**などにふれておく。

　自治体は、法律・条例にさだめるところにより、執行機関の附属機関として審査・諮問・調査のための審議会・調査会などの機関をおくことができることになっている。また、いわゆる長の私的諮問機関として委員会・協議会などがおかれることもおおい。福祉部門においても、市民の意見や専門的な知見を反映させるために、附属機関や私的諮問機関がおかれている。福祉分野の附属機関には、法律にもとづくものとして児童福祉審議会、青少年問題協議会などがあり、また、条例にもとづくものとして児童館運営審議会、介護保険運営協議会などがある。長の私的諮問機関には、各種福祉計画の策定委員会、特定課題の検討会などがある。

　これらの附属機関や私的諮問機関については、重複・競合する審議会・委員会などの統廃合・公募などによる委員の選任方法、会議の公開・運営方法など透明性の向上などの課題がある。

〈第11章　資料〉

1　民生委員（児童委員）数

各年度末現在

年	総数（人）	男（人・%）	女（人・%）
2000（平成12）	215,444	100,136（46.5）	115,308（53.5）
2004（平成16）	226,914	94,853（41.8）	132,061（58.2）

注：厚生労働省「社会福祉行政業務報告（福祉行政報告例）」による。

2　ボランティア活動状況（2002年）

活動人数：約740万人
団体数：101,972

注：全国社会福祉協議会調べ

3　社会福祉法人数

各年度末現在

区　分	2000（平成12）年	2004（平成16）年
社会福祉協議会	3,403	2,824
共同募金会	47	47
社会福祉事業団	152	153
施設経営法人	13,303	15,468
その他	97	138
計	17,002	18,630

注：厚生労働省「社会福祉行政業務報告（福祉行政報告例）」による。

4　共同募金の実績（2004年度）

全国合計：226億6,830万円
　全国で約83,268件約199億6,176万円の社会福祉事業（高齢者福祉、障害者福祉、児童福祉など）に配分

注：社会福祉法人中央共同募金会資料による。

5　消費生活協同組合の組合数等　(2002年3月末現在)

	組合数	組合員数（人）
総　　数	1,154	54,999,411
地域生協	548	46,513,841
職域生協	524	8,485,570
連合会	82	―

注：厚生労働省「消費生活協同組合（連合会）実態調査」による。

6　特定非営利活動（NPO）法人認証数

〈認証数（累計）〉

認証区分	2000年3月30日現在	2005年12月31日現在
都道府県	3,477	24,416
内閣府（2県以上）	323	2,240
全国計	3,800	26,656

〈種類別法人数（複数回答）〉（2005年12月31日現在　上位5位）
・保健・医療・福祉の増進を図る活動　　　　　　14,092（56.9％）
・社会教育の推進を図る活動　　　　　　　　　　11,640（47.0％）
・まちづくりの推進を図る活動　　　　　　　　　 9,947（40.2％）
・学術・文化・芸術・スポーツの振興を図る活動　 7,954（32.1％）
・環境の保全を図る活動　　　　　　　　　　　　 7,144（28.8％）
注：内閣府資料による。

7　福祉事務所の設置状況

2004（平成16）年10月1日現在

区分	設置数
総数	1,226
都道府県	321
市部	900
町村	5

注：厚生労働省「福祉事務所現況調査」による。

8 福祉施設の専門職者数（2004年10月1日現在）

職種	人数（人）
保育士	313,571
児童厚生員	11,358
理学療法士	1,477
作業療法士	1,111
医師	4,064
保健師・看護師・助産師	27,665
精神保健福祉士	1,838
栄養士	13,539

注：厚生労働省「社会福祉施設等調査」による。

9 医師・歯科医師・薬剤師数 （2004（平成16）年12月31日現在）

職種	総数（人）	人口10万人対（人）
医師	270,371	221.7
歯科医師	95,197	74.6
薬剤師	241,369	189.0

注：厚生労働省「医師・歯科医師・薬剤師調査」による。

10 部門別自治体職員数 （2005年4月1日現在）　　　　　単位：人（％）

区分	市町村（組合含む）	都道府県
一般行政（福祉関係を除く）	418,949（29.3％）	208,886（13.0％）
福祉関係	352,923（24.6％）	68,102（ 4.2％）
教育	199,162（13.9％）	940,521（58.4％）
消防	137,268（ 9.6％）	18,425（ 1.2％）
警察	―	274,271（17.0％）
公営企業等会計部門	324,192（22.6％）	99,423（ 6.2％）
計	1,432,494（47.1）	1,609,628（52.9）
合計	3,042,122	

注：総務省「地方公共団体定員管理調査」による。

≪参考文献≫

松下圭一『政策型思考と政治』(東京大学出版会、1991年)
西尾勝『行政学』(有斐閣、1993年)
松下圭一・西尾勝・新藤宗幸(編)『自治体の構想』全5巻(岩波書店、2002年)
三浦文夫ほか(編)『戦後社会福祉の総括と21世紀への展望』(ドメス出版、2002年)
大森彌ほか(編)『地域福祉を拓く』全5巻(ぎょうせい、2002年)
東京都市町村職員研修所編『政策法務の基礎』(公人の友社、2004年)
厚生労働省監修『厚生労働白書』各年版(ぎょうせい)
総務省編『地方財政白書』各年版(国立印刷所)
総務省編『公益法人白書』各年版(国立印刷所)
各種統計調査結果
　国勢調査報告(総務省)、人口推計年報(総務省)、日本の将来推計人口(国立社会保障・人口問題研究所)、人口動態統計(厚生労働省)、生命表(厚生労働省)、国民生活基礎調査(厚生労働省)、社会福祉行政業務報告(厚生労働省)、保健・衛生行政業務報告(厚生労働省)、社会福祉施設等調査(厚生労働省)、介護サービス施設・事業所調査(厚生労働省)、全国母子世帯等調査(厚生労働省)、全国家庭児童調査(厚生労働省)、福祉事務所現況調査(厚生労働省)

事項索引

あ行

預り保育　147
一般会計　221、222
医師・歯科医師　246
医師・歯科医師会　240
一次予防　206
1.57ショック　20、21
一部事務組合　123、124
一般高齢者施策　132
一般財源　224
一般的・普遍的サービス　108
医療給付　212
医療扶助　194
医療法人　243
医療保険制度　213
運営適正化委員会　45
栄養士・管理栄養士　247
営利法人　244
ＮＰＯ　242
エンゼルプラン　47
公の施設　38
オンブズマン　139、141

か行

介護給付　128、175
介護支援専門員
　　（ケアマネジャー）　122、248

介護認定審査会　126
介護福祉士　247
介護扶助　195
介護報酬　136、137
介護保険審査会　140
介護保険事業計画　67、138
介護保険法　92、118
介護予防　105、125
介護予防サービス計画
　　　　　　　（ケアプラン）　126
介護予防事業　132
介護予防マネジメント事業　132
介護療養型医療施設　130
介護老人福祉施設　130
介護老人保健施設　130
学童保育（クラブ）　33、149、154
家庭福祉員（保育ママ）　147
間接補助　228
機関委任事務　31
機関委任事務整理合理化法　30
議決科目　222
基準および程度の原則　193
規則　84
基礎自治体　53
機能訓練　212
基本計画　64
基本構想　64
基本指針　138、139、183

258

基本法　86
逆選択　121
教育扶助　194
狭義の政策　59
行財政改革　39
強制加入　213
行政区　52
行政実例　79
行政処分　40、41
行政責任　73
行政組織　246
行政庁　41
協働　251
共同募金　238
共同募金会　238
業務独占と名称独占　248
居宅介護支援
　　　　　（ケアマネージメント）　121
居宅サービス計画（ケアプラン）　121
居宅介護サービス計画
　　　　　　　（ケアプラン）　126
居宅サービス　128、129
居宅療養管理指導　129
居宅介護（介護予防）支援　129
金銭給付　194
国の役割　57
訓練等給付　175、176
ケアマネージメント　121、122
経費負担の原則　228
軽費老人ホーム　113
契約　41
決算カード　221

元気高齢者　23
現金給付　128
権限の委任と代理　191
健康教育　211
健康寿命　106
健康診査　210、211
健康増進計画　70、207、208
健康増進法　94、207
健康相談　211
健康手帳　211
健康日本２１　207
健康保持・福祉増進事業　113
言語聴覚士　247
現物給付　128、194
権利擁護事業　132
広域自治体　52
広域連合　123、124
高額療養費　215
後期高齢者　18
合議体　126
合計特殊出生率　20
後見　97
更生　165
公布　83、86
幸福追求権　62
高齢化社会　18
高齢化率　18
高齢者　18
高齢社会　18
高齢社会対策基本法　87
高齢者医療　212
高齢者虐待　114

259

高齢者虐待防止法　35、114
高齢者（老人）クラブ　106
国際障害者分類　166
国際生活機能分類　166
国勢調査　17
国法改革法務　81
国民健康保険（国保）　214
国民健康保険料（税）　215
国民皆保険制度　213
国立社会保障・人口問題研究所　17
子育て短期支援事業　155
誇大広告の禁止　46
国家責任の原理　192
国庫負担金　226
国庫補助金　226
固定資産税　225
こども虐待　157
個別計画　65
個別施策　59
個別条例　83
ゴールドプラン　46

さ行

歳出・支出　224
財政　220
財団法人　240
最低生活費　196
最低生活保障の原理　192
歳入・収入　224
財務　220
サービスの質の向上　45
参加　251

参画　251
参考推計　17
三位一体の改革　36
支援費制度　171
支給限度基準額　130
事業者・施設の指定　136、179、180
施行　83、86
事後評価　61
施策　59
自主法　81
次世代育成支援　150
次世代育成支援行動計画　68
次世代育成支援対策推進法　92
施設サービス　128、130
自然人と法人　244
事前評価　61
自治解釈・運用法務　79
自治（体）基本条例　82
自治行政権　79
自治権　81
自治事務　33、34、191
自治体議会　71
自治体職員　72、246
自治体総合計画　64
自治体の長　72
自治体福祉計画　66
自治体法　81
自治立法権　78
自治立法法務　78
市町村合併　37
市町村審査会　177
市町村民税　225

執行（行政）科目　222
実施計画　65
指定管理者制度　38
指定障害福祉サービス事業者　178
指定自立支援医療機関　180
指定代理人　80
指定都市　53、54
私的諮問機関　252
児童　153
児童委員　234
児童育成計画　68
児童家庭支援センター　154
児童館　150
児童厚生員　249
児童厚生施設　154
児童自立支援施設　154
児童相談所　245
児童手当　151
児童の権利に関する条約　152
児童福祉司　249
児童福祉施設　153
児童福祉法　89
市民　55、71、234
市民参加　59、63、71
社会福祉　62
社会福祉協議会　236
社会福祉士　247
社会福祉主事　249
社会福祉事業　237
社会福祉法　87
社会福祉法人制度　239
社会保険方式　120

社会保障　62
社会保障制度審議会　62
社団法人　239
住宅改修　129
住宅扶助　194
収入充当額　196
授産　165
出産扶助　195
受動喫煙　208
主任ケアマネジャー　133
障害児　165
障害者　164
障害者介護給付費等不服審査会　185
障害者基本法　88
障害者計画　69
障害者雇用率制度　168
障害者自立支援制度　172
障害者自立支援法　93
障害者の手帳制度　165
障害者福祉センター　167
障害者プラン　48
障害程度区分　176
障害福祉計画　69、183、184
障害福祉サービス　174
生涯未婚率　152
償還払い方式　127
小規模多機能型居宅介護　130
少子化社会対策基本法　88
消費者契約法　97
消費生活協同組合　242
少年　153
将来推計人口　16、17

省令　85
条例　82
条例制定権　78
昭和の大合併　37
職域保険　214
助産施設　153、156
所得譲与税　37
自立　88、90、91、111、119、172、190
資力調査（ミーンズテスト）　197
自立支援医療　180
自立支援給付　174
シルバー人材センター　106、239
人口置換水準　20
審査請求　140、184、199
新生児　209
新生児の訪問指導　210
申請保護の原則　193
身体障害者　164
身体障害者福祉法　90
信託　54、55
信託説　81
新・予防給付　126
スクラップ　223
生活圏域　128
生活習慣病　206
生活扶助　194
生活保護法　89
生業扶助　195
制限的・選別的なサービス　108
政策　58、59
政策財務　220
政策分野別総合条例　83

政策法　86
政策法務　78
生産年齢人口　16
政治責任　73
政治と行政　55
精神障害者　165
精神保健福祉士　248
生存権　62
成年後見制度　96
政府　52
政府課題　60
政府政策　58
政府領域　56
生命表　18
政令　85
政令指定都市　53、54
世帯単位の原則　193
説明・書面の交付　45
前期高齢者　18
総合相談・支援事業　132
葬祭扶助　195
争訟法務　80
相談支援　178
措置概念　41
措置によるサービス　111

た行

第1号被保険者の保険料　134
第1号法定受託事務　34
第1種社会福祉事業　237
第三者評価　46
退職者医療制度　217

大数の法則と保険制度　121
大都市　53、54
第2号被保険者の保険料　135
第2号法定受託事務　34
第2種社会福祉事業　237
代理受領方式　127
ＷＨＯ（世界保健機関）　166
短期入所生活介護
　　　　　　（ショートステイ）　129
短期入所療養介護　129
男女共同参画社会　98
男女共同参画社会基本法　97
単独世帯割合　17
地域課題　60
地域支援事業　131
地域生活支援事業　174、182
地域福祉計画　66
地域福祉権利擁護事業　44
地域包括ケア　133
地域包括支援体制　133
地域包括支援センター　132
地域保険　214
地域保健法　93
地域密着型介護老人福祉施設
　　　　　　入所者生活介護　130
地域密着型サービス　128、130
地域密着型特定施設
　　　　　　入所者生活介護　130
知的障害者　164
知的障害者福祉法　90
知能指数（ＩＱ）　164
地方交付税　226

地方財政白書　221
地方自治法　56
地方政府　52
地方分権一括法　33
中核市　53、54
中間課題計画　65
中間評価　61
通所介護（デイサービス）　129
通所リハビリテーション
　　　　　　（デイケア）　129
通達　79
特定高齢者施策　132
特定財源　224
特定施設入所者生活介護　129
特定疾病　124
特定非営利活動　96、241
特定非営利活動促進法　95、241
特定非営利活動法人（ＮＰＯ法人）
　　　　　　　　　　　　96、241
特定福祉用具販売　129
特別会計　221、222
特別区　52、58、225
特別養護老人ホーム　112
特例市　53、54
都道府県支出金　227

　　　　　　な行

難病　171
二次予防　206
2000年分権改革　30
乳児　153
乳児院　153

任意後見制度　97
任意事業　132
妊産婦　209
認知症対応型共同生活介護
　　　　　　（グループホーム）130
認知症対応型通所介護　130
認定調査　176
年少人口　16、19
農業協同組合　242
ノーマライゼーション　47

は行

倍化年数　18
バリア・フリー　107、108、167
反射的利益　40、41
必要即応の原則　193
ひとり親家庭
（ワンペアラント・ファミリー）148、158
ひとり暮らし高齢者　22
被保険者　123、214
被保護者　191
病院と診療所　242
費用徴収　229
福祉公社　240
福祉三法　30
福祉事務所　191、192、244
福祉の措置　40
福祉用具貸与　129
福祉六法　30
複数信託論　55
附属機関　252
普通会計と公営事業会計　221

府令　85
文理解釈　80
平均寿命　18
平均世帯人員　17
平成の大合併　37
保育計画　68
保育士　248
保育事業　146、147
保育所　42、147、153
保育の実施　42
法　78
法外援護　200
法外給付　214
放課後児童健全育成事業　33、149
包括的・継続的マネジメント
　　　　　　　　支援事業　132
包括的支援事業　132
法定後見制度　96
法定受託事務　33
法的責任　73
法内給付　214
訪問介護　129
訪問介護員　248
訪問看護　129
訪問指導　212
訪問入浴介護　129
訪問リハビリテーション　129
法律　85
法律補助　227
法令　85
補完性の原則　56
保険給付　128、214

保健事業　211
保険事故　124
保健士・看護士　246
保健指導　209
保険者　123、214
保健所　245
保健所政令市　53、54
保険料の負担区分　135
保護司　236
保護施設　195
保護の補足性の原理　192
保護費（扶助費）　196
保佐　96
母子及び寡婦福祉法　91
母子健康センター　210
母子生活支援施設　153
母子保健事業計画　70
母子保健法　95
母子保護　156
補助　96
補装具　181
補装具費　181

ま行

見守り活動　105
民間事業者　72
民生委員　234
民生費　223
無差別平等の原理　192
無認可保育所　147
明治の大合併　37
目的論的解釈　80

問題　58

や行

夜間対応型訪問介護　130
薬剤師　240
ユニバーサルデザイン　107、108
要介護状態　125
養護老人ホーム　113
要支援状態　125
幼児　153
幼児クラブ　150
幼稚園　147
要保護者　191
幼保の統合・一元化　148
予算科目　222
予算制度　220
予算補助　227
予防給付　128
予防重視型システム　128

ら行

理学療法士・作業療法士　247
離婚　152
リハビリテーション　47
利用者負担上限額　127
連隊　88、94、119
老人介護支援センター　113
老人居宅生活支援事業　111
老人短期入所施設　112
老人デイサービスセンター　112
老人週間　110
老人の日　110

老人福祉施設　112
老人福祉センター　113
老人福祉法　91
老人保健福祉計画　66
老人保健法　94
老人ホーム　113
老年人口　16
老老介護　22
論理解釈　80

【筆者紹介】

加藤　良重（かとう・よししげ）

　1940年山梨県生まれ。1964年明治大学法学部卒業。元小金井市福祉保健部長。元東京都市町村職員研修所特別講師。現在、法政大学法学部兼任講師、同大学現代福祉学部兼任講師、拓殖大学政経学部非常勤講師、立川市介護保険運営協議会委員など。

　著書に、『基礎自治体の福祉政策』、『政策法務の基礎』、『「政策財務」の考え方』(以上、公人の友社)、『高齢者介護手続きマニュアル』(共編著・新日本法規出版)、『政策法務と自治体』(共編著・日本評論社))など。

自治体福祉政策

2006年4月10日　第1版第1刷発行
著　者　　加藤　良重
発行者　　武内　英晴
発行所　　株式会社 公人の友社
　　　　　〒112-0002 東京都文京区小石川5-26-8
　　　　　電話　03-3811-5701　FAX 03-3811-5795
　　　　　メールアドレス　koujin@alpha.ocn.ne.jp
印刷所　　倉敷印刷株式会社
カバーデザイン　有賀　強